エスプリ
ガバナンス
コンピンテンシー
リテラシー
ドメイン
インターフェース
アセスメント
愛蔵版
すっきりわかる！
超「カタカナ語」事典
造事務所＝編著
PHP
コンテンポラリー
トリビュート
オルタナティブ
レジュメ
ジェンダ
ビストロ
ブラックスワン
JN135770

はじめに　知ったかぶりをして恥をかかないために

◆世にはびこる「意味不明なカナカナ語」

「顧客をちゃんとセグメントして、最適なソリューションを考えてくれよ」

「スタッフのインセンティブが高まる、うまいスキームは作れないもんかね？」

……なんて説教を上司から食らったら、「意味がわからない！　日本語でいってくれ！」と思いたくなるのが、人情というものでしょう。


「セーター」や「シャツ」といった日本語に訳しにくいものならともかく、**ふつうに訳せるものまで、わざわざ聞きなれないカタカナ語に置き換えるという風潮**が世にはびこっています。十数年前から女性誌で使われるようになり、今やすっかりおなじみの言葉となった「スイーツ」もその一つ。要は「甘いお菓子」のことですが、スイーツと呼んだほうがオシャレで高級感が漂う感じがうけています。

「自分はそんな風潮には染まるものか！」と思うのはかんたんです。

しかし、そうした時流にまんまとノセられている人に、面と向かって指摘するのは勇気がいります。相手が上司やお客さんならなおさら。「そのカタカナ語はどういう意味ですか?」といちいち質問するわけにもいきません。

そのため社会人なら、自分自身が使うか使わないかはさておき、**他人が口にしたカタカナ語の意味を理解できる程度には、それらを知っておくことが必須**といえます。

日常会話においても、意味不明なカタカナ語をだれかが何気なく口にして、「わからないけど聞くのは恥ずかしいな……」と思ったことは、だれしもあるでしょう。

もちろん、今のご時世、ちょっとわからないことはインターネットですぐに調べられます。しかし、**会話中にいちいち検索しているヒマはありません。**仮に、テーブルの下で密かにスマホを操作して検索できても、肝心の解説がむずかしくてよくわからない……なんてこともよくある話です。

つね日ごろから、『現代用語の基礎知識』(自由国民社)などを熟読していれば、こうしたとっさの事態にも対応できるのかもしれません。けれど多忙な社会人が、あのブ厚い本を読破するのはまずムリ。そこで、本書の出番となるわけです。

◆これ一冊をザッと読んでおけば、日常生活に不自由はしません！

本書には、「よく出てくるけれど、多くの人がちゃんと意味を理解していないカタカナ語」や「常識として知っておきたいカタカナ語」だけを厳選して収録しました。各語には、パッと見てすぐ意味がわかる「**超訳**」、実際にどういうふうに使われるかがわかる「**用例**」、その言葉の語源や関連知識がわかる「**解説**」をつけてあります。

さらに、できるだけ多くの類義語や対義語も紹介。一つのカタカナ語を覚えるたびに、自然と複数のカタカナ語が頭に入るようにも作られています。とりあえずこれ一冊をザッと読んでおけば、日常生活で意味不明なカタカナ語に悩まされることはなくなるはず。また、巻末に五十音順の「**索引**」を掲載しているので、**通常の辞書のように必要に応じて「引く」ことも可能**です。

ゆいいつ心配なのは、これを読み終えたとたん、今までカタカナ語を嫌悪していた人が、手のひらを返すようにカタカナ語を多用したりしないか、という点です。それはあまりカッコよくないので、くれぐれも注意してくださいね。

本書の構成と使い方

[関連用語]
見出しの用語の同義語や派生語も紹介。合わせて覚えることで、理解が深まります。

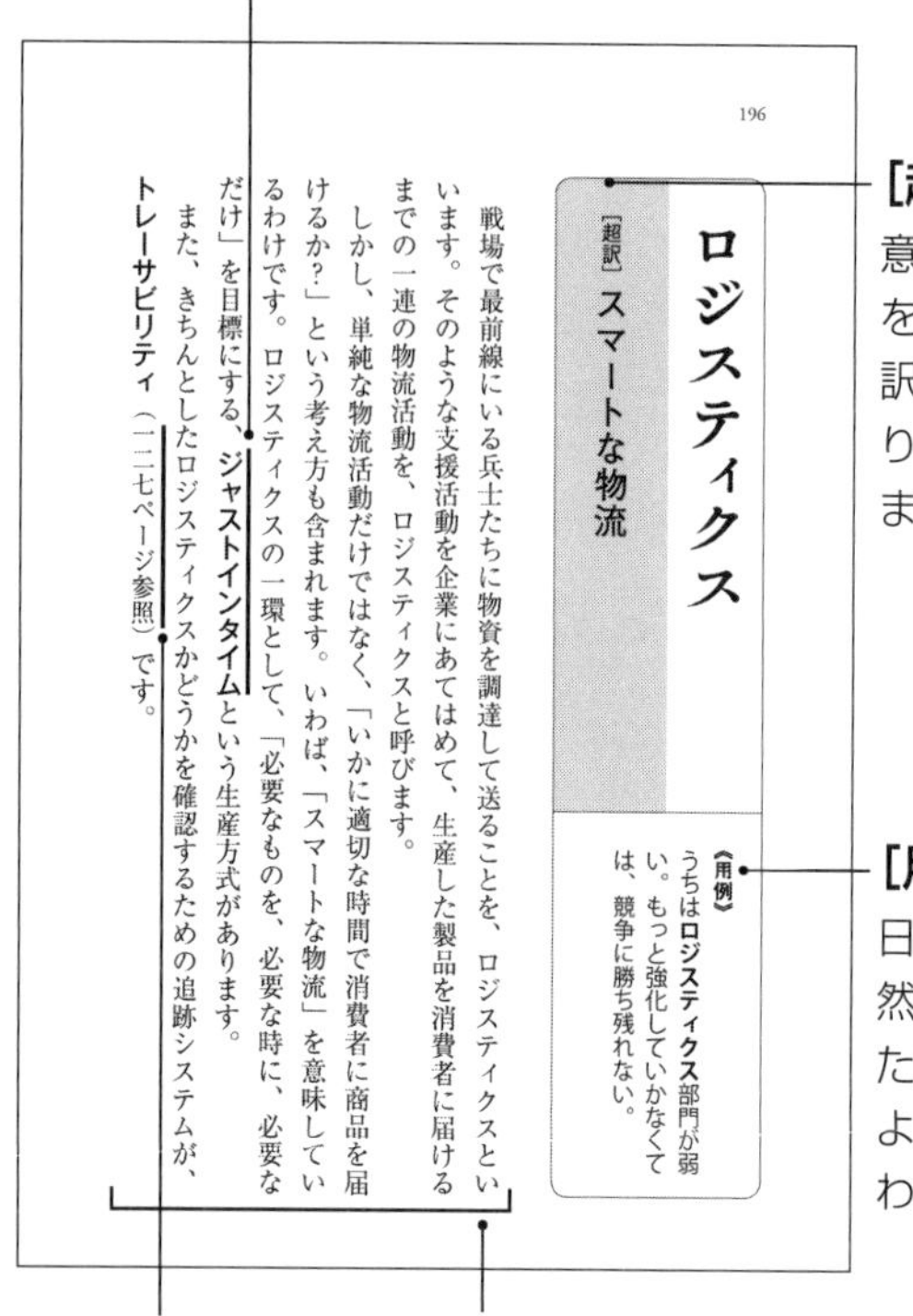

196

ロジスティクス

[超訳] スマートな物流

《用例》うちは**ロジスティクス**部門が弱い。もっと強化していかなくては、競争に勝ち残れない。

戦場で最前線にいる兵士たちに物資を調達して送ることを、ロジスティクスといいます。そのような支援活動を企業にあてはめて、生産した製品を消費者に届けるまでの一連の物流活動を、ロジスティクスと呼びます。

しかし、単純な物流活動だけではなく、「いかに適切な時間で消費者に商品を届けるか?」という考え方も含まれます。いわば、「スマートな物流」を意味しているわけです。ロジスティクスの一環として、「必要なものを、必要な時に、必要なだけ」を目標にする、**ジャストインタイム**という生産方式があります。

また、きちんとしたロジスティクスかどうかを確認するための追跡システムが、**トレーサビリティ**（二二七ページ参照）です。

[超訳]
意味不明なカタカナ語を一言でズバっと超訳！　まずは、ざっくりとした意味をつかみましょう。

[用例]
日常会話で使われる自然な文章例です。覚えたからといって、同じように使いすぎると嫌われるカモ!?

[関連ページ]
関連用語をよりくわしく解説しているページがある場合、参照ページを明記しています。

[解説]
用語のもともとの意味や、アルファベットのつづり、現代での意味を解説。用語にまつわる雑学も学べます。

目次

第一章　大人になっても意味不明なインテリ語

第二章　「知らないのは自分だけ?」な日常語

第三章 なんとなくわかるけど説明できない曖昧語

第四章　新聞・ニュースに頻出する時事語

第五章　ビジネス会話に何気なく出てくる業界語

第六章　聞いたことあるけど使えない経済・金融語

第七章　生活シーンで目にする「?・」なカタカナ語

第八章　女性には常識の食・美容・ファッション語

第九章　出てくるとお手上げのIT用語

第十章　知らないとはいいづらい最新流行語

装丁＝寄藤文平＋吉田考宏（文平銀座）
本文イラスト＝鈴木順幸

第一章

大人になっても意味不明なインテリ語

アーキテクチャー

［超訳］**設計されたもの**

《用例》
あの建築家の**アーキテクチャー**は国際的な評価は高いけど、利用者の使い勝手を無視したものが多いよね。

聞いてもわからなければ、とりあえず「すごいな、ソレ」といっておけば、会話は切り抜けられます。建築業界とコンピュータ・IT業界の人がおもに使います。

建築分野では、建物そのものや、構造などを指します。「○○タワーのアーキテクチャーは斬新だね」といった場合がそうです。ITの分野では、「基本構造」を意味する言葉として用いられています。

つまり、設計されてできたものはすべてアーキテクチャーなのです。

居酒屋で「うちのプログラマーは、ソフトウェアアーキテクチャーをまったく理解していないんだ」と愚痴をこぼしている人がいれば、間違いなくIT業界の人です。

なお、**アーキテクト**といえば建築士や設計者を指します。

アディクション

［超訳］それなしでは生きていけない！

《用例》
彼は僕の注意など、まったく聞いてはいないよ。競輪・競馬など賭けごとの**アディクション**におちいっているんだ。

人である以上「悪いとわかっちゃいるけど、やめられない」時がしばしばあります。アルコール依存症のような、理性ではコントロールできない状態をアディクションといいます。

依存症の時は、医学的な治療が必要となります。そのため、この言葉は医療や精神分析の分野でよく用いられます。

もし、あなたが「悪女」や「ダメ男」にはまってしまった場合は「ラブアディクション」といえますが、コレに関しては、病院に行く必要はありません。

ちなみに、つねに仕事をしていないと落ちつかない人は、**ワーカーホリック**（仕事中毒者）と呼ばれます。これもアディクションの一つですね。

アフォリズム

［超訳］短くまとまった戒め(いまし)や教訓

《用例》
シェークスピアの戯曲はどの作品を読んでも、人生の真実を考えさせてくれる**アフォリズム**にあふれているよね。

「人生は歩き回る影法師(かげぼうし)、哀(あわ)れな役者だ」。シェークスピアの戯曲『マクベス』に登場するこの台詞(せりふ)は、人間の悲哀や生きることの不確かさを簡潔に表現した言葉としてよく知られています。このように、ものごとの本質や人生の機微を鋭く表現している短い言葉をアフォリズムといいます。

短い言葉といえば「ことわざ」も同じですが、ことわざは庶民の生活の知恵から生まれ、語り継がれてきたもの。対するアフォリズムは、一般に「偉人」や「著名人」が残した「名言」や「格言」「警句」を指します。

会社の飲み会では、「いいか君たち、ニーチェは『脱皮しない蛇は滅びる』というアフォリズムを残している。この意味、わかるか？」といったように、上司が部

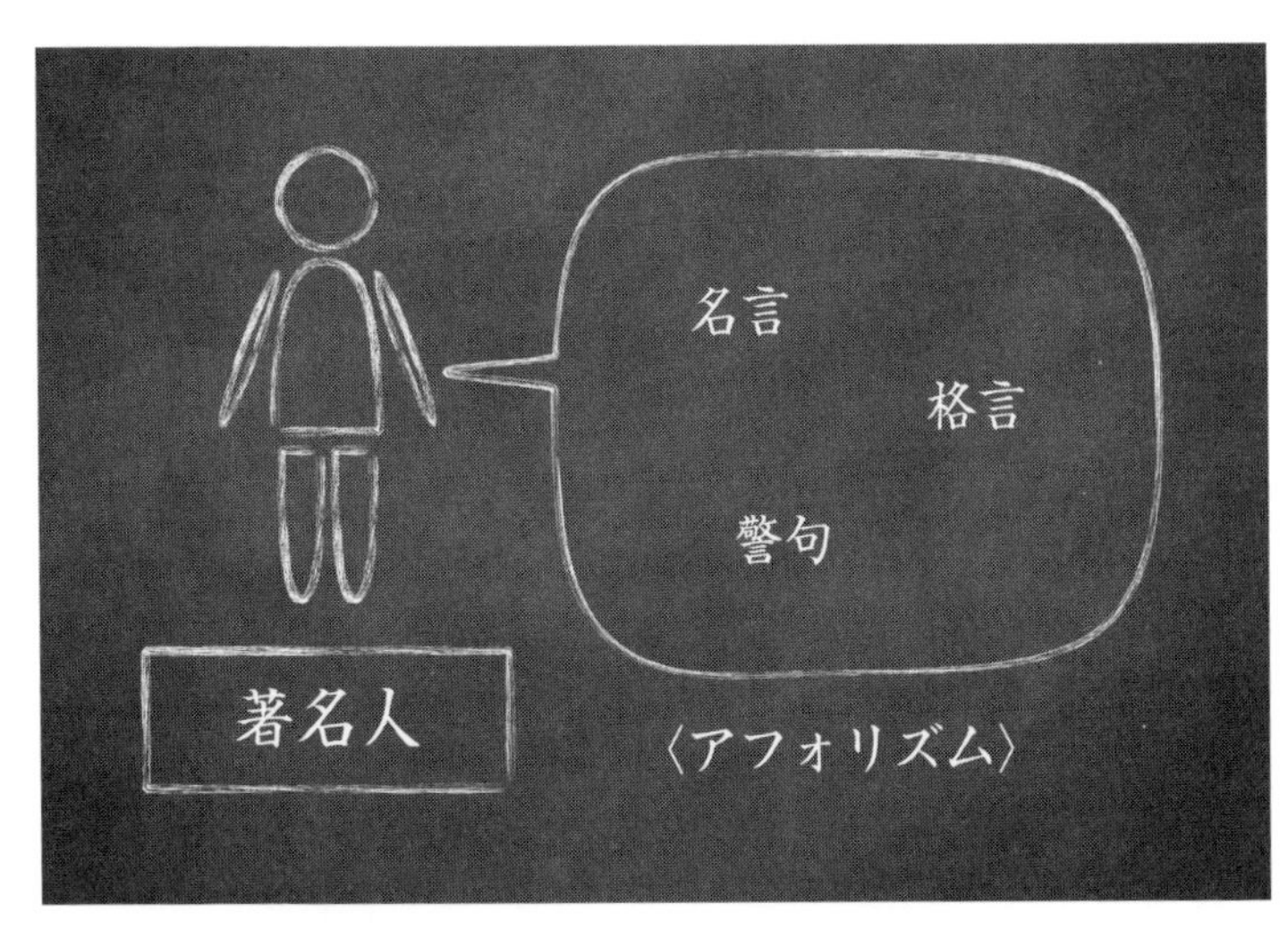

下に自身の博識さを自慢したい時によく用いられます。

たとえ上司に権威はなくても、引用したアフォリズムに深みや重みがあれば、含蓄（がんちく）のある説教に聞こえるという効果があるのです。

そのせいか、経営者や管理職にはアフォリズムを「座右の銘」にしている人が多くいます。

気の利いたアフォリズムを口にすれば、たしかに知的で粋（いき）な大人と見なされますが、その場の空気を読みながら会話の流れにふさわしい名言を引用するのは容易ではありません。名言集を愛読している人でも迷うでしょう。

でも、安心してください。ゲーテはこんなアフォリズムも残しています。「人間は努力する限り迷うものだ」と。

アルゴリズム

［超訳］問題を解決するための
もっとも効率的なやり方

《用例》
新人クンに仕事を丸投げしちゃダメだよ。そもそも**アルゴリズム**を学んでいないから、プログラムを組めないんだ。

「算法」と訳されますが、アルゴリズムはたんなる計算方法のことではありません。数学やコンピュータ、言語学などの分野で出てくる、それぞれの問題を解決するための、もっとも効率のよい手順（やり方）のことです。

近年では専門分野だけでなく、ビジネスシーンでも登場してくるようになってきました。アルゴリズムを発言に混ぜれば、一瞬にして論理的な人物であるかのような印象を与えることができるからでしょうか。

「ウチの業績が低迷しているのは、不採算部門におけるアルゴリズムが欠けているからなのではないですか」といった表現が、その典型です。

いっけんすると、鋭い問題提起をしているように聞こえますが、平たくいえば

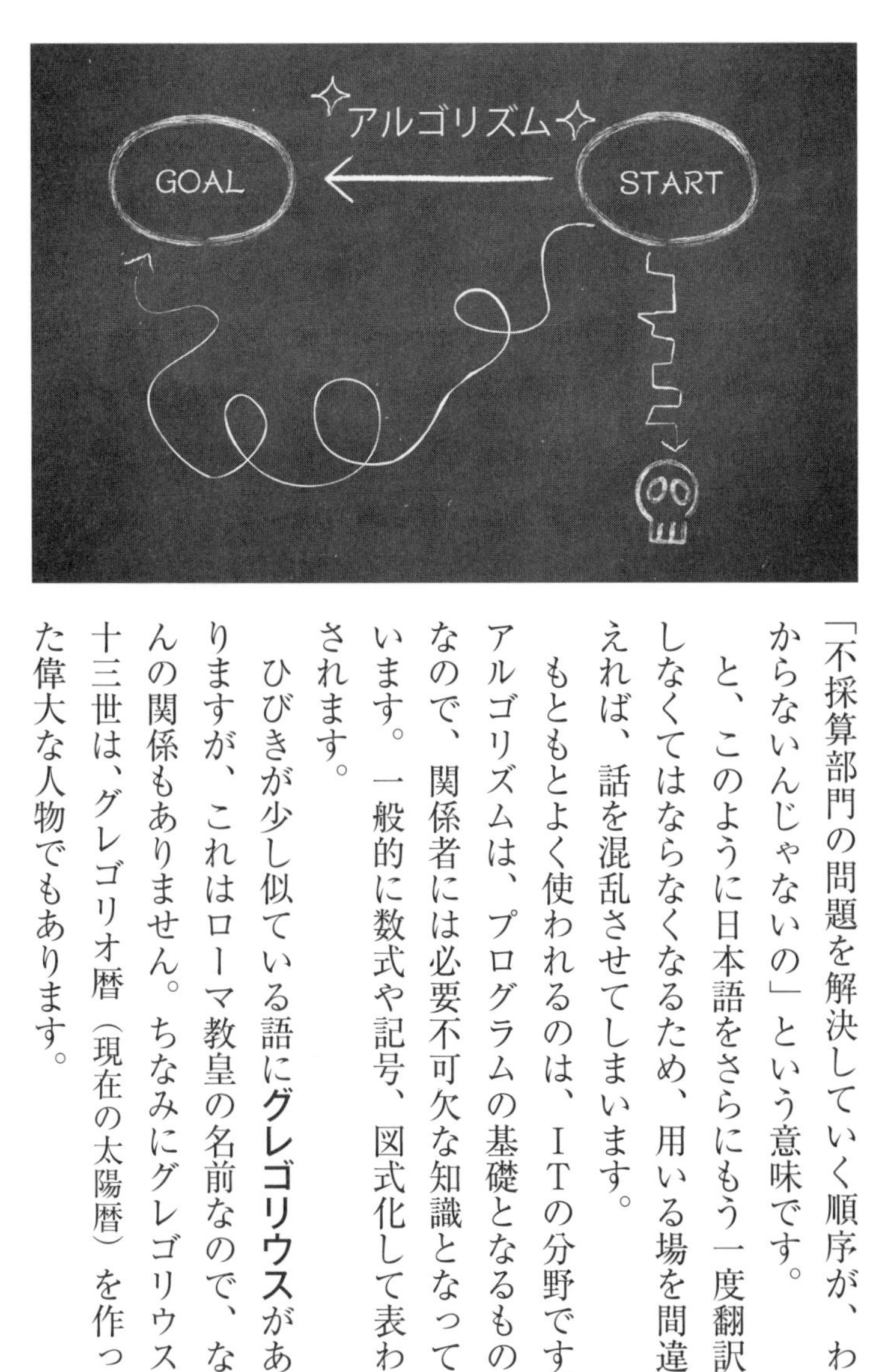

「不採算部門の問題を解決していく順序が、わからないんじゃないの」という意味です。

と、このように日本語をさらにもう一度翻訳しなくてはならなくなるため、用いる場を間違えれば、話を混乱させてしまいます。

　もともとよく使われるのは、ＩＴの分野です。アルゴリズムは、プログラムの基礎となるものなので、関係者には必要不可欠な知識となっています。一般的に数式や記号、図式化して表わされます。

　ひびきが少し似ている語に**グレゴリウス**がありますが、これはローマ教皇の名前なので、なんの関係もありません。ちなみにグレゴリウス十三世は、グレゴリオ暦（現在の太陽暦）を作った偉大な人物でもあります。

アンソロジー

［超訳］**作品集**

《用例》
B社から「卒業」をテーマにした短編小説の**アンソロジー**が出た。いろんな作家の作品が、一度に読めるからお得だね。

複数の作品を一つにまとめた作品集を、アンソロジーと呼びます。語源は「花を摘んで集める」といった、ロマンチックな意味のギリシア語です。

おもに文学や漫画、絵画などの作品集に対して用いられます。最近では、「人気漫画家の四コマ漫画を収めたアンソロジーが売れているんだって」といったように、ふだんの会話にも登場するようになっています。時代やテーマなどに沿って、いろんな作家の作品が収められる場合と、一人の著者だけによる場合があります。

作者はプロに限らず、趣味の同人誌や学校の卒業文集もアンソロジーです。よく似た意味で用いられる**コンピレーション**（二〇八ページ参照）アルバムは、複数のアーティストの楽曲をアルバムに収めたものを指します。

アンビバレント

［超訳］好きだったり、嫌いだったり

《用例》
あの人に対して、**アンビバレント**な感情をもってしまって、どう振る舞っていいかわからないのよ。

特定の人やものに対して、二つの相反する感情を同時にもってしまった時、それをアンビバレントな感情といいます。つまり、好きであると同時に嫌いであるのが、典型的なアンビバレントな感情です。

これは思春期に多くの人が経験する感情ですね。思春期には親を、「お小遣いをくれたり、守ってくれたりする存在」として好きであると同時に、「うるさくて邪魔な存在」として嫌いになります。これは、人間の成長のなかで自然にわく感情です。

日本語には「ありがた迷惑」や、「イヤよ、イヤよも好きのうち」という言葉がありますす。いっけん似ているように思われますが、これらはアンビバレントではなく、結局はどちらかの感情に偏った表現なので、注意しましょう。

インスタレーション

［超訳］空間を利用したアート

《用例》
ある芸術家が廃屋にパソコンを散乱させて展示していたけど、あれは廃屋自体を作品とした**インスタレーション**だね。

東京のオシャレタウンの一つ「代官山（だいかんやま）」では、二〇一三年まで「代官山インスタレーション」というアートイベントが、二年に一度開催されていました。代官山にあるショップや道路など、いたるところに作品が置かれ、街全体がアートに変化しています。室内や屋外などに創作物や装置を置いて、空間そのものを芸術作品として体感させる芸術がインスタレーションです。

インスタレーションでは、既存の絵画や彫刻、写真とは異なり、布、鉄、水から日用品にいたるまで、さまざまな素材が組み合わされて創作物が展示されます。

また、空間を構成するために、ビデオ映像や音響、照明などの装置も用いられます。場所も問いません。自宅や教室、公園も、トイレや風呂も表現の場となります。

とはいえ、どこまでがインスタレーションなのかを定義づけるのはむずかしいものです。

たとえば、芸術家が草原で家電製品を燃やし、「これは現代文明を批判するインスタレーションである」と宣言しても、管轄している役所からは「不法焼却」と見なされてしまうかもしれません。

よく似たものに、芸術家が体を張って作品の一部となる、**パフォーマンスアート**があります。頭から絵の具をかぶって、白いキャンバスに激突するのも、その一つです。

エスプリ

[超訳] おっ！ 気が利いてるね

《用例》
部長のジョークはエスプリが利いていて、小噺（こばなし）のようにオチがあるので、いつも聞き逃せませんね。

フランス語で「精神」や「才気」「機知」を意味します。フランス生まれの言葉ということもあり、ここでいう精神とは「フランス的精神」を指します。これが転じて、日本では、気の利いた様子や機転が利くことを表わしています。

よく耳にするのが、「パリのエスプリを感じる」といった言葉でしょう。なんともフワフワした表現ですが、「都会的でオシャレな雰囲気」といった意味です。

一方、「解説者の○○さんのコメント、エスプリに富んでいるよね」といったら、「機知にあふれている」という意味になります。

こうしてみるとエスプリは日本語の「粋」に通じるところがあります。したがって、日本語での反対語は「野暮（やぼ）」ということになりますか。

エピゴーネン

［超訳］まねばかりしている人

《用例》
N氏の作品は評価しないよ。彼は名作を模倣するばかりで、まったく独創性のない**エピゴーネン**だからね。

芸術や学問の分野の話をしている時、だれかが「彼は○○のエピゴーネンみたいだな」と評論家のように語ったら、それは話題になっている彼をけなしていることになります。話を合わせなければならない場合は、「そうそう、たしかにオリジナリティに欠けるよね」と、とりあえずいっておきましょう。

語源は「あとから生まれた者」という意味のギリシア語です。転じて、ドイツ語で先人のスタイルを「模倣する者」を指すようになりました。多くの場合、軽蔑の意味がこめられています。

音楽業界では、過去の曲や音源の一部を引用し、再編集して新しい楽曲を作る手法を**サンプリング**と呼びますが、こちらには軽蔑の意味はこめられていません。

オルタナティブ

［超訳］代わりになる新しいもの

《用例》
地球温暖化防止には、太陽光発電や風力発電のように**オルタナティブ**なエネルギー資源の開発が大事だと思う。

近年急速に、いろんな場面で用いられるようになった言葉の代表格が、オルタナティブです。語源は「変える」を意味するラテン語です。

ジャンルを問わず、既成のものの「代わり」や、従来のものに対して「新しい」という概念で使われています。学問や環境、エネルギー、音楽、教育、ライフスタイルなど、どんな分野でもあてはめられます。

たとえば、サラリーマンを辞めて田舎暮らしをはじめた友人が、「オルタナティブな生活をはじめたんだ」と説明すれば、都会的な生活や会社を中心とした生活とは異なる、新しいライフスタイルを築こうとしていることがうかがえます。

環境やエネルギー問題に関心のある人どうしなら、「まずオルタナティブ・エネ

ルギーの開発が急務でしょう」「同時にオルタナティブ・テクノロジーによって、環境への負荷を少なくする素材を生み出さなくてはいけないね」といった会話が交わされるかもしれません。前者は「代替エネルギー」、後者は「代替技術」という意味で用いています。どちらも目指しているのは持続可能な新しい方法であるということです。

　オルタナティブには、このほかに「二者択一」という意味もあります。「AかBか、オルタナティブな選択が求められている」といった場合がそうです。

カウンターカルチャー

［超訳］「既成の価値観や社会体制なんてクソくらえ！」文化

《用例》
もともとロックがそうだったように、ラップやヒップホップも**カウンターカルチャー**から生まれたんだよ。

「カウンター」は「対抗する」という意味。「カルチャー」はもちろん「文化」のことです。つまり、主流に対抗する文化という言葉です。

もともとは一九六〇年代後半のアメリカで、ベトナム戦争に反対する若者の運動としてはじまりました。そこからヒッピーに代表される「反体制的な」新しい文化となり、音楽や映画、アート、ファッションに大きな影響を与えました。

狭義には、当時（一九六〇～七〇年代）の文化を指します。

したがって年配の人たちは、「当時のカウンターカルチャーが、七〇年代のアメリカンニューシネマを生み出した」といったように、過去を懐かしむ際に用いることが多いようです。

カウンターパート

［超訳］交渉や仕事をする際の相手

《用例》
S社は、タイにおける大切な**カウンターパート**です。二〇一一年の洪水の際に工場を現在の場所に移転しました。

この場合の「カウンター」は、「片方の」という意味です。カウンターパートとは、対になっているものの「片方の部分」を指します。さらに、よく似たものや立場の人、コピーした文書の写しも表わします。

この言葉が実際によく使われているのは、ビジネスや政治の場です。そこでは、交渉や共同作業をするのにふさわしい「相手」のことを指します。その場合、相手とは同格か対等の関係になります。

「先方のカウンターパートは○○専務ですか。手ごわいけど信頼できる人ですよ」「アメリカではどの省が、日本の外務省のカウンターパートになるの？」といったように使われます。

キュビズム

[超訳] ピカソの「へんてこな絵」に使われている技法

《用例》
二十世紀の絵画の大きな潮流の一つが**キュビズム**です。これを牽引したのは、ピカソとブラックでした。

ピカソの名作『アヴィニョンの娘たち』では、正面を向いた女性の鼻が真横から見た角度で描かれています。この絵のように、一つの平面上に、ほかの方向からの視点も交えて描く技法をキュビズムといいます。

「この作品はキュビズムを意識している」と語ると、ちょっとカッコイイですよね。評論家が「すべてをキューブ（立体）に還元している」といったのが語源です。

ちなみに、**ダダイズム**は一九一六年にスイスのチューリッヒで始まった芸術運動です。第一次世界大戦への抵抗として、既存の芸術や社会体制を批判しました。その影響を受けているのが、**シュルレアリスム**（超現実主義）。人の意識下にある欲望などを現実にあるように表現する芸術運動で、ダリの作品が有名です。

キュレーター

［超訳］アートなイベントを運営する人

《用例》
私の次回の個展は、信頼できる**キュレーター**に任せたよ。会場や期間、作品の選択も彼女がやってくれるんだ。

展覧会を企画し、運営や管理・監督にあたる専門家を指します。博物館や美術館に勤め、展示企画を担う学芸員もキュレーターと呼ばれます。

「新人アーティストを発掘し、企画に応じた作品を依頼するのもキュレーターの重要な仕事なんだ」と、切り出す人はおそらくアート関係の人でしょう。

よく似たひびきの**キュレーション**は、「世話をする」「補助する」という意味ですが、最近では「情報を収集、分類し、共有する」ことを指します。**サーキュレーション**といった場合は、循環や流通のほか、テレビや新聞などメディアの「普及率」も表わします。ちなみに、家電店で**サーキュレーター**といえば、空気を循環させるもので、換気扇や扇風機によく似た製品です。

クオリア

［超訳］オレ的な感覚

《用例》
夕日を見て涙を流す人がいるけど、どんな景色を見て心が動くのかは、それぞれの**クオリア**によって異なるよね。

たとえば「好きな人に会うと胸がキュンとする」の「キュン」とする感じや、「しみ入るようなオレンジ色の夕日」の「オレンジ色」という（色彩）感覚など、個人が感じる独自の「質感」をクオリアと呼びます。視覚、味覚、聴覚、触覚など、人はいつも幅広いクオリアを体験しています。

最近、多用される「〜的」を使うと、「オレ的な感覚」といったところでしょう。

クオリアは、哲学や科学の分野で登場するほか、感性を重んじる出版・広告、デザインやアート、料理などの分野と抜群に相性がよいようです。たとえば「ざらっとしたクオリアを思い出させてくれる文具だ」と話すプランナーや、「作品で個々のクオリアをくすぐりたい」と語るデザイナーは実在します。

クリティカル

［超訳］**客観的かつ分析的な／危機的な**

《用例》
政府の「発表」やマスコミの「報道」を、**クリティカル**な視点をもたずに鵜吞(うの)みにするのは危険だよ。

語源はギリシア語で、「(見)分ける」「分析する」といった意味をもつ言葉です。よく「批判的」と訳されますが、「クリティカル＝否定的」と考えるのは間違いで、正確には「客観的に分析して良し悪しを吟味した(見分けた)」という意味。したがって、クリティカルな視点で見て肯定的な評価になることもあるのです。

関連語としては、**クリティーク**＝批評、**クリティック**＝批評家が挙げられます。映画・音楽・アートが好きな人なら、一度は目にしたことがあるでしょう。

また、クリティカルには、生死を「分ける」ような、つまり「重大な」「危機的な」という意味もあります。ビジネスの場で**クリティカルパス**という言葉がよく登場しますが、残念ながら紙幅がクリティカルな状況にあり、解説はできません。

コンテンポラリー

［超訳］ナウいもの

《用例》
このあいだの美術展は、なかなかよかったよ。**コンテンポラリー**な作品だらけで、あんまり理解できなかったんだけどさ。

「ナウい音楽」「ナウいファッション」など、流行しているものを表わす「ナウい」よりもある意味もっとナウい言葉です。英語でcontemporaryと書き、「同年代の」「現代の」といった意味があります。したがって、最近ときどき目にする**コンテンポラリー・アート**というのは、現代美術のことです。

芸術の分野で「ナウ」よりもさらに先を行っているものは**アバンギャルド**といい、アバンギャルドな映画、アバンギャルドな小説のように使われます。アバンギャルドは、もともと「前衛部隊」という意味のフランス語。それが転じて「前衛的な（先駆的・実験的な芸術表現を試みている）」という意味で使われるようになりました。

反対に、ナウくないものに対しては、**コンサバ**を使います。これは英語で「保守

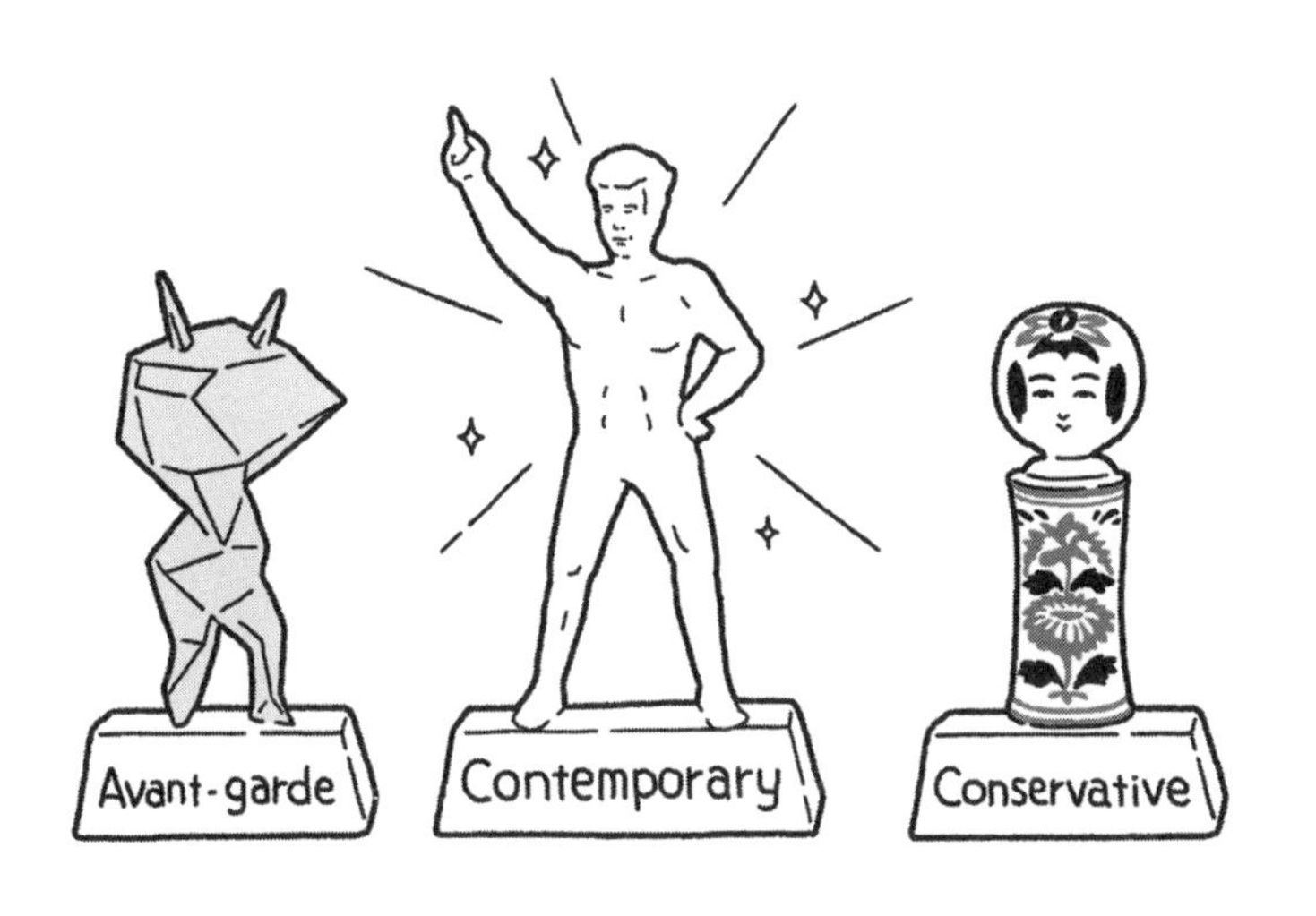

的な」という意味のconservativeを略してできた言葉です。コンサバは、古くからの伝統的な文化や価値観を守っているものに対して使う言葉です。転じて、女性のファッションでいう「コンサバ」は、「だれにでも好かれる、王道のお嬢様系ファッション」を指すことが多くあります。

さて、これまで「ナウい」といってきましたが、この言葉自体が本当に二〇一九年では、ナウいものなのか、それについてはコンテンポラリーな視点をもった読者にお任せします。

デカダンス

［超訳］やさぐれた雰囲気

《用例》
ボードレールにあこがれて**デカダンス**を気取っているようだけれど、ただの怠け者にしか見えないよ。

文学の分野では、詩人のボードレールやランボーなどを中心に、十九世紀末のフランスで興った文芸の潮流を指します。もともとフランス語で「退廃的」という意味です。その特徴は、虚無的で耽美(たんび)的であること。その文芸一派は「デカダン派」と呼ばれました。

これが転じて、現代では、やる気がなく、やさぐれた雰囲気やそのような生活態度もデカダンスという言葉で表わすようになりました。文学や映画、風俗を語る際によく用いられています。

フィージビリティ

［超訳］**本当にできるかどうか**

《用例》
報告書を明日までにあなた一人ですべて仕上げるなんて大声で宣言していたけど、**フィージビリティ**は信用してもいいの？

もしあなたが外資系企業に入社したならば、頻繁にこの言葉を耳にするかもしれません。外資系企業の現場では、上司から部下へ、担当者から発注先へ、この言葉は矢のように飛んでいきます。フィージビリティとは、「実現可能性」という意味です。つまり、「本当にできるかどうか」ということです。

その実現可能かどうかを調査・検討することを**フィージビリティ・スタディ**と呼びます。

仮に「できる」という確信をつかんでいないまま、なんとなく仕事を進めていたら、「君がリーダーになっているプロジェクトのフィージビリティ・スタディはきちんとしたんだろうね？」などと上司につめ寄られてしまうので注意してください。

ペーソス

[超訳] オジさんに漂う哀愁

《用例》
部長になれないまま来月定年退職を迎える○○課長の背中には、言葉にできない**ペーソス**が漂っているねぇ。

ペーソスの語源は「感情」や「情念」を意味するギリシア語の**パトス**（pathos）。その英語読みがペーソスです。一般に「哀愁」と訳されます。つまり、人や作品、風景や出来事などにもの悲しさを感じるということです。

日本人の情緒にマッチしているためか、ペーソスは日常生活に溶けこんでいます。しかも、「失敗ばかりしているダメ男のペーソス」というフレーズには、ダメ男を完全否定するのではなく、ほのかな愛情も盛りこまれていることを、大人は感じ取るのです。

反対語は**ユーモア**です。「映画の寅さんシリーズはペーソスとユーモアにあふれている」といったように、ペアで使われるケースが多くあります。

ミニマリズム

［超訳］シンプル大好き！ 主義

《用例》
装飾をできる限りそぎ落として**ミニマリズム**を極めれば、道具が本来もっている機能美が表現できるんじゃないかな？

Maximum

ウェブデザイナーが、「ホームページを現状よりミニマムに変更したい」と発したら、できる限りシンプルなデザインを目指したいという提案です。

英語の**ミニマル**は「最小限の」、**ミニマム**は「最小」という意味です。そこから生まれたミニマリズムという言葉は、形や色を最小限にして表現する手法や創作理論を指します。いわば「シンプル大好き！ 主義」です。

一九六〇年代のアメリカでブームになって以降、美術、建築、音楽、文学、デザインなどの分野で用いられてきました。

モジュール

［超訳］交換可能な部分・要素

《用例》
近年のパソコンは**モジュール**を組みこめるように設計されているので、本体を買い替えなくても機能は向上できるよ。

製造業なら「部品群」を指すのがモジュールです。「空調用のモジュールを修理します」と説明されたら、どの部分かわからなくても空調を構成している部品群だと解釈してください。国際宇宙ステーションでは、実験棟や居住棟をモジュールと呼んでいます。「実験モジュールは日本が建設した」といったように用いられますが、この場合は「構成要素」という意味です。

どちらにも共通しているのは「交換可能な部分・要素」であることです。

関連語のモジュラーは「規格化されたモジュール（部品）を組み合わせて連結させる」といった意味の言葉です。身近なものに、パソコンと電話回線をつなぐ「**モジュラーケーブル**」や「**モジュラージャック**（接続端子）」があります。

ユリイカ

［超訳］**ひらめいたぞ‼**

《用例》
長年解けなかったこの難解な数式の最後の答えがわかった時、思わず「**ユリイカ！**」と叫んでしまった。

ひびきは優雅な気がしますが、上品な言葉ではありません。古代ギリシア語で「わかった」「見つけた」という意味です。英語ではeurekaとつづります。

ユリイカという言葉のもとをたどると、次の逸話とセットになっています。古代ギリシアの科学者アルキメデスが純金製の王冠に銀が混じっているかどうかを調べる方法（アルキメデスの原理）を風呂のなかで見つけ、興奮のあまり、この言葉を発しながら裸で走っていったというものです。

もしあなたがユリイカを使いたいならば、アイデアが浮かばず、会議で沈黙が続いている時に、「ユリイカ！」と叫んでみるといいでしょう。

ただし、叫んだからといって、裸になるところまでマネする必要はありませんよ。

リビドー

［超訳］人を動かす欲望

《用例》
人間の心や体を動かしている**リビドー**は自我を刺激したり、無意識のうちに自我に防衛されたりしているんだ。

「難解なカタカナ語を駆使し、女の子の前で少しでもインテリに見られたい」と思って、本書を買ったアナタ！　それがリビドーです。

精神分析の用語であるリビドーは、ラテン語で「欲望」を意味します。くわしくいえば、人間の行動の隠れた動機となる本能的な欲望です。

「人の行動は無意識に、すべてリビドーにコントロールされている」と、人の行動原理を語る人がいれば、それは精神分析学や心理学を学んだ人にちがいありません。

ただし、フロイトとユングでは定義が異なります。フロイトは「性欲」、ユングは「精神的なエネルギー」としました。また、リビドーはつねに隠されており、芸術も科学の発展も、そのリビドーが形を変えて表われたものとされています。

レジーム

［超訳］**制度・体制**

《**用例**》
以前、民主党に政権交代して**レジーム**が変化したけど、日本人の生活が向上したかどうかはなんともいえなかったね。

フランス語で「制度」や「体制」のことを指しています。

リーダーシップの話題の最中に「歴代総理は戦後レジームを打破できなかったのでは？」などとだれかが口を開けば、一瞬にして話は政治家のリーダーシップ論に移行するかもしれません。

世界史で習ったであろう、**アンシャン・レジーム**は「旧体制」、とりわけフランス革命以前の十六～十八世紀の政治体制を指します。

近年よく耳にする国際レジームは、国際関係を保ったり、調整したりする制度のことを指します。「各国が共同で管理する国際レジームが必要」と語れば、国際政治に明るい人だと評価されるでしょう。

レトロスペクティブ

［超訳］**回顧展**

《用例》
今、新宿で「東映ヤクザ映画**レトロスペクティブ**」をやっているんだけど、一緒に観に行かないかい？

アニメ『おそ松さん』がヒットするなど、昭和**レトロ**が人気だ――。このように、今やすっかり一般語となっているこのレトロという言葉、じつはレトロスペクティブの頭の三文字を取ったものなんです。

したがって、その意味はレトロとほぼ同じですが、レトロスペクティブには「回顧展」という意味もあり、これがいちばんよく使われます。

たとえば、「北野武レトロスペクティブ」というのは、「北野武（ビートたけし）監督の過去の作品を一気に上映する回顧展」のことです。

似たようなインテリ語に**パースペクティブ**があります。「遠近法」という意味もありますが、「見方、観点、展望」といった意味で使われることが多いようです。

第二章

「知らないのは自分だけ？」な日常語

アナリスト

【超訳】分析家

《用例》
あの**アナリスト**がいった経済予測は当たらなかったなあ。大したことないアナリストだよ。

「分析」のことを英語で「アナリシス（analysis）」といい、そこから「分析する人」という意味で派生しました。一般的には、証券会社などで企業分析や市況予測を行なう専門職を指します。

しかし最近では、経済や投資以外の分野でも何かの分析を職業にしている人を「○○アナリスト」といいます。たとえば、フードアナリストは、食についてあらゆる角度から分析し、情報を発信する人のことです。

アナリストと名乗るのに資格はいりません。テレビに出ている著名経済アナリストなど、多くの人に認められたアナリストもいますが、「穴リスト」といわれてしまうような「自称アナリスト」も世の中に多くいるのが現実です。

イミテーション

［超訳］**コピー製品**

《用例》
あの店で売っていたルイ・ヴィトンのバッグは本物ではない。よくできた**イミテーション**だから、気をつけて。

世の中には、他社の売れている製品に、似せて作り、販売されている製品があります。そのようなコピー製品（模造品）を、イミテーションと呼びます。ルイ・ヴィトンなどの高級ブランド品は、本物そっくりに作られ、安く売られているイミテーションが多く出回っていますね。

また、イミテーションには、「価値が高く見せかけているけど、じつは価値のないもの」という意味もあり、これは人の場合にもあてはまります。「一流企業勤務といっているけど、彼はイミテーションだ」などと使われます。

フェイクという言葉も同意語で使われていますが、フェイクファー（合成繊維で作られた人工毛皮）などモラル的に問題ない程度にまねたものに使われています。

エキシビション

［超訳］公開演技・試合／展示会

《用例》
あの選手、公式戦だと力を出し切れないけど、**エキシビション**ではいい演技するよね。

フィギュア・スケートなどで、点数をつける公式演技のあとに、上位入賞者によって行なわれる、勝ち負け抜きの「公開演技」のことです。

「エキシビジョン」と発音する人が多いですが、正しくは「エキシビション（exhibition）」です。なのにどういうわけか、誤って「ビジョン」だと覚えている人が、少なくないようです。それは、エキシビションが視覚にうったえるものだというイメージが、浸透しているせいかもしれません。

エキシビションの目的は、あくまでもお客さんに見せて楽しませることで、どんなにいい演技をしても公式記録には残りません。これは、ボクシングやテニスなどの**エキシビション・マッチ**、すなわち「模範試合」でも同じです。

エキシビションには、「展覧会」「展示会」といった意味もあります。東京ビッグサイトなどの「展示場」は、英語では**エキシビション・ホール**と呼ばれます。また、**エキシビショニスト**なる派生語には、「露出狂」という意味もあります。

このように、見せることとの関連性が、「視覚」や「映像」を意味するビジョンを連想させるので、「exhivision」と勘違いして覚える人が多いのではないでしょうか？

もちろん、実際にはこんな英単語はありません。ただし、「ExhiVision」という名のロックバンドは実在します。

オーソリティ

［超訳］その道（ジャンル）の権威

《用例》
あの人は江戸文学の**オーソリティ**でとっても偉い先生だから、くれぐれも失礼のないようにね。

どんな分野にも、「そのジャンルの第一人者はだれか？」という話になった時、真っ先に名前が挙がる人がいるでしょう。その人こそがオーソリティです。

あるジャンルにおいて圧倒的にすぐれた能力や知識や経験をもち、なおかつそうしたことがジャンル内でよく認知されているため、その人の意見や発言にはだれもが一目おく——そんな専門家のことを指します。「あの人は脳神経外科のオーソリティだ」といったように他人に対して使う言葉なので、「私はこの道のオーソリティです」などというと、頭のおかしな人だと思われますのでご注意ください。

ところで、この言葉の語源である英語の authority には、「（公認された）権威」や「（委任された）権限」といった意味もあります。

そして、こうしたオーソリティを認めること、すなわち「～を正当と認める＝公認すること」や「～する権限を与えること」を**オーソライズ**するといいます。

したがって、「ディズニー社によってオーソライズされた商品」といえば、それはディズニー社公認の商品のことです。

また、会社にいる時「このプランはちゃんと上司にオーソライズしてもらっているの？」と聞かれたら、相手は「ちゃんと上司の承認をもらっているの？」といっているのです。

オノマトペ

［超訳］**音や状態を表わすカタカナ語**

《用例》
彼の独特な笑い方を、**オノマトペ**で表現してみよう。そうすると「グフフグフフ」だな。

漫画を読んでいると、必ず「ドゴオオオオオ」「ヒュルルルル」など、カタカナ音が目につくでしょう。それがオノマトペです。フランス語の onomatopée を日本語発音したもので、一般的に「擬声語」と訳されます。

オノマトペには大きく分けて二つあります。一つは実際の音をまねして言葉にした「擬音語」、もう一つはものごとの様子を感覚的に表わした言葉の「擬態語」です。

先述の「ドゴオオオオオ」などが擬音語で、擬態語には「ニヤニヤ」「デレデレ」「ムラムラ」など、二文字を繰り返した言葉がほとんどです。

漫画文化の影響もあってか、日本語にはオノマトペが非常に多く、これらなしでは会話ができません。ためしに、「バタバタ走った」「ニコニコした」「グーグー

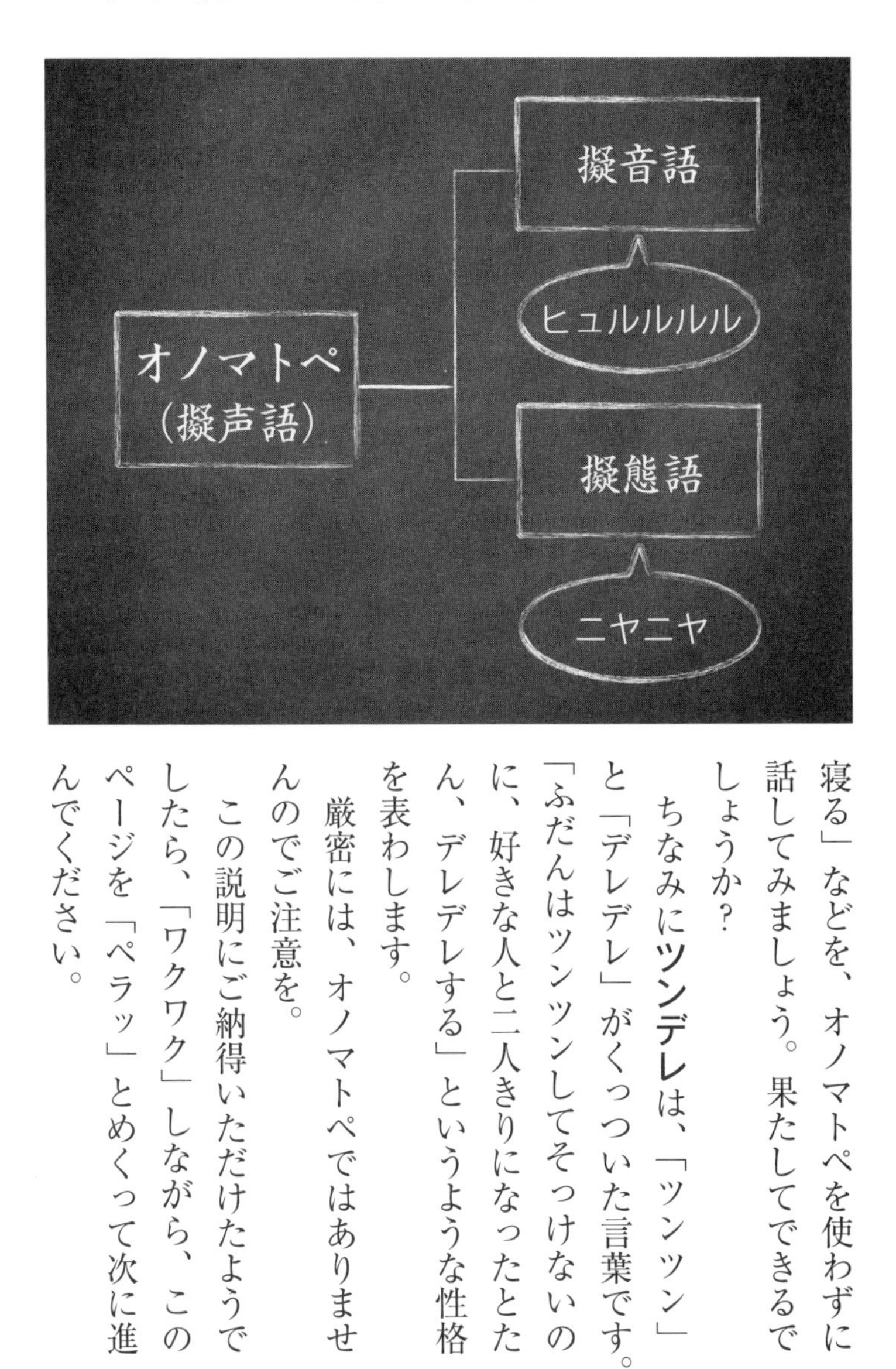

寝る」などを、オノマトペを使わずに話してみましょう。果たしてできるでしょうか？

ちなみに**ツンデレ**は、「ツンツン」と「デレデレ」がくっついた言葉です。「ふだんはツンツンしてそっけないのに、好きな人と二人きりになったとたん、デレデレする」というような性格を表わします。

厳密には、オノマトペではありませんのでご注意を。

この説明にご納得いただけたようでしたら、「ワクワク」しながら、このページを「ペラッ」とめくって次に進んでください。

キッチュ

［超訳］アバタもえくぼ

《用例》
カメレオン柄を基調としてコーディネートされたこの部屋は、なかなか**キッチュ**だな。僕も住んでみたいものだ。

恋をすると「アバタもえくぼ」といって、普通の人から見ると悪い部分でもよく見えてしまうことがあります。絵画などの芸術作品で、いっけんすると悪趣味だけど、見る人が見ると「美しい！」と思うようなものを、キッチュと呼びます。これはいわゆるヘタウマでもあります。語源はドイツ語の、Kitschです。

ほかにも、「安っぽいもの」という意味もあります。まとめると、見栄えはしないけど、一部の人に好まれているものを指しています。

世の中には悪趣味な部屋に住んでいたり、変わった服を着ている人もいますが、そういった人たちの趣味も、見る人が見ればキッチュなものかもしれません。そういう人を見かけても、温かい目で見守ってあげましょう。

コンソーシアム

［超訳］同好の士

《用例》
オレ、このアイドルが大好きなんだ。オマエもだって聞いたけど。なあ、一緒に**コンソーシアム**を作ろうぜ。

「俺たちはナンパ仲間だぜ！」というとあまりカッコよくないかもしれませんが、「俺たちはナンパコンソーシアムだぜ！」といえば、もしかしたらカッコよく聞こえるかもしれません。

つまり、同じ目的をもつ者どうしが集まったものが、コンソーシアムです。

有名な話でいえば、亡き藩主のために立ち上がり、アダ討ちする「忠臣蔵」の浪士たちは、まさにコンソーシアムといえます。

コンソーシアムは個人だけではなく、企業、団体、政府機関などいろいろなレベルで、目的を同じくする集まりを指します。「産官学が連携した、新エネルギー開発コンソーシアム」というふうに使われます。

コンバージョン

［超訳］へんし～ん！

《用例》
そのファイルを大至急で、PDFに**コンバージョン**しておいてくれないか？

子どものころ、「○○戦隊△△レンジャー」のようなヒーロー番組に、読者の多くも夢中になったことでしょう。ふだんは一般人の姿をしているヒーローたちが、戦いになると、「へんし～ん！」といって姿を変えます。

このように何かが姿を変えることを、コンバージョンといいます。もとは英語で、「変換」「換算」などの意味をもっています。

実際にはパソコンのファイル、たとえば画像ファイルをＧＩＦ形式からＪＰＥＧ形式に変換したり、テキストファイルをＰＤＦファイルに変換したりする場合に使われます。また、外貨の換算でも使われ、日本円の金額を米ドルに換えて計算する場合もコンバージョンといいます。実際に両替することではありません。

コンフィデンシャル

［超訳］二人のナ・イ・ショ！

《用例》
この件については**コンフィデンシャル**扱いにしてくれ。キミ以外の者には、知られたくないからな。

だれにでも、秘密にしていることの一つや二つはあるでしょう。秘密にしたい内容を、コンフィデンシャルな情報といいます。**シークレット**と同じ意味ですが、多少のちがいがあります。

コンフィデンス（confidence）＝「信頼」という言葉もあるように、コンフィデンシャルも「信頼のおける」という意味を含んでいます。

つまり、たんなる「秘密」の場合を「シークレット」といい、信頼のおける相手だけに打ち明ける「内密にしたいこと」を「コンフィデンシャル」といいます。

サステイナブル

［超訳］この先も持続可能な

《用例》
いろんな人の意見も取り入れて、ここに作る予定の町は**サステイナブル**な町にしなくてはならないな。

「百年安心」といわれていたのが、日本の年金制度です。サステイナブルとは、「持続可能な」という意味で、将来のことを考慮しつつ、長期間にわたって安心して継続できるものを指します。

たとえば経済発展でも、短期的な発展だけを考えて、環境破壊などオカマイなしに進めてしまったら、次の世代が必ずツケを払うことになります。それはサステイナブルな経済発展ではありません。環境にも配慮し、子どもや孫の世代にツケを回さず、喜ばれる発展こそが、サステイナブルな経済発展です。

「百年安心」であるはずの日本の年金制度が、本当にサステイナブルなのかどうか、最近それがますます怪しくなってきています。

シニカル

［超訳］人をバカにした態度や発言

《用例》
池尻さんてイヤ～な感じね。私が「今日の会議は緊張しますね」っていったら、**シニカル**に笑ったのよ。

よくドラマなどで、身分ちがいの男女が恋に落ち、男性がお嬢様の父親に「娘さんと結婚させてください！」と嘆願するシーンがあります。

この時、父親がバカにしたような態度で「まさか本気でうちの娘と結婚できると思っているんじゃないだろうね」などと、皮肉たっぷりにいうことがよくありますね。この父親の態度こそが、シニカルなのです。

シニカルとは他人をバカにした、冷笑的・嘲笑(ちょうしょう)的な態度や発言です。

相手のいないところでならともかく、相手の目の前でシニカルな態度を取ると、人間関係を悪化させるリスクが非常に高まります。自分自身を振り返り、ぜひ気をつけたいものです。

シノプシス

［超訳］あらすじ

《用例》
あの映画の**シノプシス**を読んだけど、あまりおもしろそうじゃなかったなあ。ほかのを観ようかな。

映画・ドラマなどに「あらすじ」は必ずついていますし、仕事のレポートにも「要約」があります。

それらのように、長いストーリーやレポートの内容を簡潔にまとめたものを、すべてシノプシスと呼びます。もとは英語の synopsis です。

シノプシスよりも、もっと詳細にまとめたものが**プロット**です。シノプシスが、全体のあらすじを短くまとめたものであるのに対して、プロットはストーリーを章ごとにまとめた構成一覧のようなものになります。

ストーリー全体を要約したものではありませんが、プロットはシノプシスよりもかなりボリュームが大きくなるものです。

ストラテジー

［超訳］長期的作戦

《用例》
うちの経営陣の頭のなかの辞書には「**ストラテジー**」という言葉がない。だから現場がいつも苦労させられるんだ。

よく「戦略」と訳されますが、これも意味がわかるようでわからないモヤモヤした言葉ですね。「戦術＝**タクティクス**」とどうちがうの？という疑問も湧きます。

戦国武将を例に説明してみましょう。お殿様や重臣たちは戦国時代を生き残っていくために、「どこの国と戦い、逆にどこと和平を結ぶか」「国力を高めるためにどんな産業を興していくか」といったような長期的・大局的な作戦を考えます。一方、戦闘の最前線にいる隊長は、「目の前の相手をどう倒すか」というように、短期的・局所的な作戦を考えます。大ざっぱにいえば、前者が戦略で、後者が戦術です。

ビジネスの場では、「行きあたりばったりで、効率的に成果を出すための長期的作戦がない」と批判する時に、「ストラテジーがない」という言い方をよくします。

スピンオフ

［超訳］番外編

《用例》
あのドラマおもしろかったなあ。何か**スピンオフ**作品が出ているかどうか、知らない？

ドラマ・映画がヒットすると、続編や番外編が作られたりすることが多いものです。あるドラマや映画などから生まれた外伝的な作品や番外編のことを、スピンオフと呼びます。

スピンオフとは番外編の作品を指す言葉で、続編ではありません。たとえばドラマの本編ではワキ役だったキャラクターが主役になって、別のストーリーを繰り広げれば、それはスピンオフ作品だといえます。『〇〇2』という場合は、たんなる続編です。

また、会社のある事業部門から分離独立してできた新会社のことも、同じようにスピンオフと呼びます。どちらにしても共通しているのは、親から生まれた子のよ

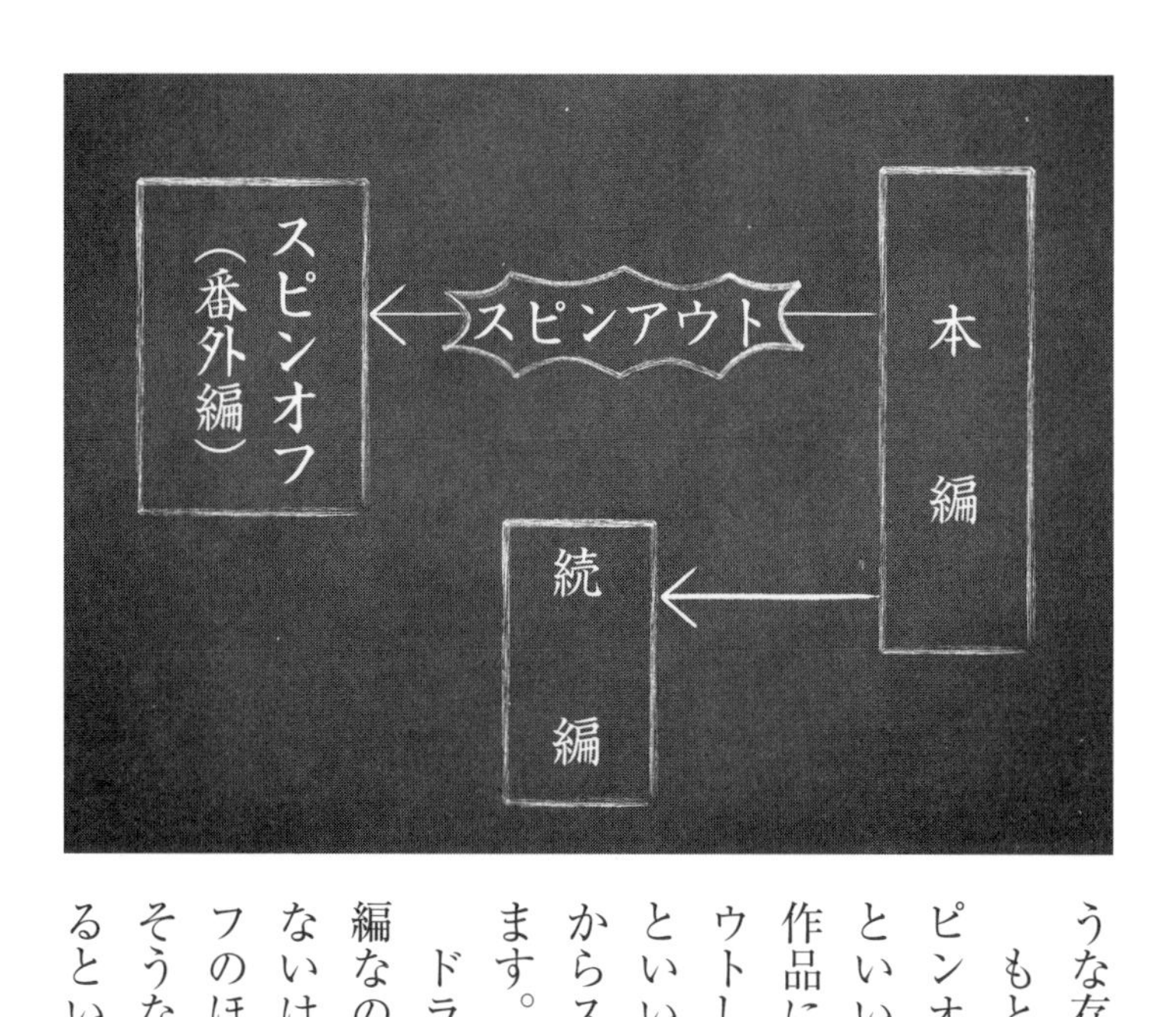

うな存在であることですね。

もととなった「作品」や「会社」からスピンオフが生まれることを、**スピンアウト**といいます。たとえばドラマのスピンオフ作品について語る時、「○○からスピンアウトしてできたスピンオフに△△がある」といいます。会社でも「○○商事は△△社からスピンアウトしてできた会社」といいます。

ドラマなどのスピンオフはあくまで番外編なので、本来は本家のものよりも目立たないはずです。しかし、なかにはスピンオフのほうが、人気が出るケースもあります。そうなると、本家としては、立場がなくなるというやや困った事態になります。

セレンディピティ

［超訳］たなぼた的な発見力

《用例》
歴史に残る科学者や探検家は**セレンディピティ**に恵まれていたから、歴史的な発明や発見をしたのではないでしょうか？

付箋の「ポスト・イット」についている「はがれやすいノリ」は、もともと強力な接着剤を作ろうとした時の失敗作でした。しかし、ほかの発明者がしおりとして使うことを思いつき、「ノリつきのしおり」＝付箋が誕生。大ヒットしました。

このように、思いがけないものを偶然、何かの拍子に発見する能力をセレンディピティと呼びます。「たなからぼたもち（思いがけない幸運に出会う）」ということわざに、似たところがありますね。

語源は、イギリスの作家・政治家のホレス・ウォルポールが子どもの時に読んだ『セレンディップの三人の王子たち』という童話にちなんでいます。

王子たちが旅の途中、予期せぬ出来事に遭遇し、もともと探していなかったもの

を見つけていくストーリーです。

似た言葉に**シンクロニシティ**があります。こちらは「偶然の一致」という意味です。精神科医・心理学者のユングが提唱しました。

たとえば、夫婦が同じ日に同じプレゼントをたまたま購入した場合、「シンクロニシティが起こった」といえます。

ただしユングは、偶然には理由があると説いています。

つまり、もともとは因果関係のない複数の出来事が重なりあうことで、「偶然の一致」（シンクロニシティ）がもたらされているのだそうです。

ダイバーシティ

【超訳】一人一人ちがうからこそすばらしい

《用例》
うちの役員たちは「**ダイバーシティが大事だ**」と、口をそろえていうけれど、女性役員が一人もいないんだよね。

「多様性」を意味し、最近はビジネスの人事の世界でよく使われます。個々の社員がもつさまざまなちがい（性別・国籍・年齢・職歴など）を企業が受け入れ、むしろそれを競争力向上に生かしていこうとする考え方や取り組みのことを指し、**ダイバーシティ・マネジメント**と呼ばれることもあります。

一方で、**バラエティ**も多様性と訳されますが、こちらは「種類が豊富な」といった意味合いで使われることが多いです。

お台場にある某テレビ局は、「わたしたちこそ、台場（だいば）シティだ！」とダイバーシティを推進しているのでしょうか。どちらかというと、バラエティのイメージが今のところ強いですが。

チュートリアル

［超訳］ていねいに教える

《用例》
このソフトの使い方がよくわからない。そんな時は、まず**チュートリアル**を見てみよう。

もとは親切ていねいに一対一で教えてくれるやさしい家庭教師の人、あるいはそのような教え方のことを「チュートリアル」と呼んでいました。

予備校では、今でも大学生がアルバイトで**チューター**をしていて、一対一で、高校生に受験対策のアドバイスや大学生活の話をしています。

それがＩＴ時代になってから、ＩＴ機器やソフトウェアの使い方について親切ていねいに教えてくれる教材（ヘルプ機能）を、そう呼ぶようになりました。紙に書かれたマニュアルはもちろん、動画で実際に使い方を見せてくれるＤＶＤのこともチュートリアルといいます。とくに動画教材では、動画で見せてくれた手順をそのまま繰り返すだけで進められる、親切設計になっているものが多くあります。

パテント

［超訳］特許

《用例》
この部品は来年に**パテント**申請する予定なので、その準備をしておいてくれ。

日本で発明された「カラオケ」は、開発者が特許を取っていれば、毎年十億円は稼いでいたはずだといわれています。生み出した新しい技術は、他人にまねされないようにパテントで守らないといけません。そう、パテントとは特許のことです。

また、グループ企業など複数の企業が複数のパテントを所有する場合に、ある一つの会社にパテントの所有権を集めて、一元管理をすることがあります。そのようなしくみやパテントを集めた組織を、**パテントプール**といいます。商品名やロゴマークを使われないようにするための登録商標を**レジストレーションマーク**（Ⓡ）、作品などを守るための「著作権」を表わすのは**コピーライト**（Ⓒ）というのは、有名ですね。

ビエンナーレ

［超訳］二年に一度の展覧会

《用例》
去年、○○**ビエンナーレ**はなかったけれど、今年は開催される。前回は行けなかったから、楽しみだ。

車をもっていると二年に一度車検にかけないといけません（一部を除く）。このように、二年に一度あるイベントのことをビエンナーレと呼びます。ビエンナーレの原語はイタリア語で biennale と書き、文字通りに「二年に一度」を意味しています。

とくに芸術分野でこの語をつけたイベントが多く、「神戸ビエンナーレ」という二年に一度、十一月前後に神戸で開催されていた芸術祭はその代表的なものです。

ただし、なんでもビエンナーレと呼べばいいというものではありません。二年に一回会社に遅刻して、「これが僕のビエンナーレの日さ！」といっても、だれも褒(ほ)めてくれないでしょう。また、三年に一度の展覧会は**トリエンナーレ**といって、二〇〇一年からはじまった「横浜トリエンナーレ」が有名です。

ブラフ

【超訳】**はったり**

《用例》
アイツが柔道五段だって？　あわてるな。まだ経験も浅いはずだから、それはアイツの**ブラフ**にちがいない。

もともとはトランプのポーカーで、手札が弱いのに強い役をもっているように見せかけるような戦略をブラフ（bluff）といいました。

そこから、本当はないのに実力があるかのように空威張り（からいばり）する、「はったり」の意味で使われています。

しかし世の中をよく見ると、ブラフであふれていることがわかります。

たとえば就職活動。学生の就職活動では、実際にやってなくてもサークルや部活の「副部長でした！」ということが多いとか。これも広い意味ではブラフです。

フリーメイソン

［超訳］謎の秘密結社

《用例》
あの人は**フリーメイソン**の会員なんだって⁉　意外な事実だな、それは。ぜんぜん知らなかった。

「謎の秘密結社」は、ドラマや映画、漫画でよく出てきますが、本当に世界に存在する秘密結社の一つが、フリーメイソンです。

フリーメイソンの会員は世界中にいるといわれ、その数は二百万人とも三百万人とも推定されています。日本にもその支部はあり、会員のなかにはビッグな有名人もいるとか。しかし、その実態はほとんど明らかになっていません。活動内容も当然非公開ですが、チャリティなどの慈善活動もしているそうです。

「フリーメイソンは、その世界的ネットワークを利用し、歴史の裏で暗躍してきた」「世界史の大きな出来事の多くは、その裏でフリーメイソンが糸を引いていた」といった説を唱える人もいます。

メセナ

［超訳］企業が行なう文化・芸術支援

《用例》
B社は最近、**メセナ**活動をさかんに行なっているんだそうだ。うちの会社も見習わなくちゃいけないいんだけど……。

東京には、飲料メーカーの名前のついた美術館や、音楽ホールがあります。これがメセナです。つまり、企業が芸術や文化活動にお金を出すことです。音楽や美術などの活動をしたくてもお金のない個人や文化施設に、企業がお金を出して芸術活動を支援するのです。語源となったmécénatという単語はフランス語で、「文化の擁護（ようご）」を意味しています。

メセナが日本で広まったのはバブル時代で、当時はさまざまなメセナ活動がさかんに行なわれていました。

しかしバブル崩壊で景気が悪化すると、一気に縮小。現在では一時期にくらべて、かなり減ってしまっているというのが現実です。

モックアップ

［超訳］ハリボテ

《用例》
四月に新発売するスマホの**モックアップ**が、来週のプレゼンでどうしても必要なんだ。早急に、作ってほしいんだけど。

スマートフォンを買いに行くと、展示用サンプルとして外見が製品のようでも、実際には使えないスマートフォンが置いてある店が多くあります。このような外見だけのハリボテ品が、モックアップです。

モックアップとは、展示用などに自社で製造したものであり、他社が勝手に製造した模造品とはちがいます。そのような模造品はパクリ品、パチもんなどと呼びますので、使い分けに気をつけましょう。

ウェブサイトなどにもモックアップが存在しますが、他人のウェブサイトを勝手にまねて作ったサイトは、パクリサイトと呼ばれます。モックアップとは、あくまでもサンプル用に自社で作った、外見が実物そっくりの模型のことです。

リテラシー

［超訳］**使いこなす力**

《用例》
うちの社員はコンピュータ**リテラシー**が低い。もっと教育しなくては、競合他社に負けてしまうだろう。

少子化が進む昨今、一人っ子を甘やかし、なんでも買い与える親が増えているといわれます。

しかし、どんな高価なものでもリテラシーがなければ宝のもち腐れです。

リテラシーとは、特定のものを使いこなせる能力のことです。語尾につけて「○○リテラシー」と使われることがよくあります。三歳の坊やには、いうまでもなく消防車リテラシーはありませんね。そもそも、免許が取れません。

もともとは「文字の読み書き能力」を意味していましたが、さまざまな場面で使われるようになりました。

たとえば**コンピュータリテラシー**といえば、コンピュータを使いこなせる能力の

ことです。

現代の情報化社会で欠かせないのが、**メディアリテラシー**です。インターネット、テレビなど、メディアにあふれる情報のなかから、本当に正しくて自分に必要な情報を見つけて、活用する能力を意味します。

テレビにしても、たまに捏造(ねつぞう)データを使った番組もあります。捏造がバレると、新聞などをにぎわせますね。

このようなことがあるので、テレビで観たことをそのまま鵜呑みにするのではなく、自分でほかのメディアを使い、その情報が正しいかどうか調べられるのが、メディアリテラシーの高い人といえます。

レバレッジ

［超訳］てこの原理

《用例》
そのＦＸ取引は**レバレッジ**が非常に高い。ハイリスクであまりオススメできないなあ。

「てこの原理を使う」がもとの意味で、小さな力で大きなものを動かす場面で登場します。とくに、投資の世界でよく使われ、手もち金が十万円でも、五十万円や百万円などその何倍もの取引ができるしくみのことを指します。非常にハイリスクですが、少ない資金でも大きな取引ができるのが魅力です。しかし、実態は借金をしてギャンブルするのと変わりませんので、気をつけましょう。

最近は、ビジネスの世界でも使われます。「もっとレバレッジを効かせて仕事をしろよ」と上司にいわれたら、「（てこの原理のように）少ない時間や労力で、その何倍もの結果を出せよ＝もっと効率的に成果を出してくれよ」と説教されたのだと理解しましょう。

第三章

なんとなくわかるけど説明できない曖昧語

アーカイブ

［超訳］ひとまとめにして保存

《用例》
過去の事例については、当社ウェブサイトの**アーカイブ**内の資料を参照してください。

何かの記録や資料をひとまとめにして保存することや、そうしてまとめられた資料を保存・保管する場所や施設のことを指す言葉です。たとえば、テレビ局がもつ「過去の映像の保存・閲覧施設」などが、こう呼ばれることもあります。

もともとは「公文書」や、それを保管する「書庫」という意味です。複数形のアーカイブズが使われることもよくあり、実際、NHKの過去の放送番組を保存・公開するための施設には「NHKアーカイブス」という名称がついています。

IT用語としては、「コンピュータに蓄積された複数のデータを一つにまとめる作業」や、その作業によって「まとめられたデータ」のことを指します。

ちなみに類義語には、ライブラリーやデータベースがあります。

アウトライン

［超訳］かんたんにいうと～

《用例》
細かいことはあとでいいから、まずは**アウトライン**だけでもザッと聞かせてよ。

「その話のアウトラインをまず教えてよ」などと、いわれたことはありませんか。

そのまま訳すと「外の線」、つまりは「輪郭（りんかく）」のことです。美術では、人物やモノの「形を示す線」を指しますが、一般的には、「概要」といった意味で使われています。つまり「かんたんにいうと～」といってはじまる話のことです。

たとえば小説や映画の世界では、作品のジャンルやテーマがわかる、短いあらすじを指します。製造業や販売業では、製品の用途や特徴のことです。

対義語は、「詳細」を意味する**ディテール**ですが、人は、おおまかに全体を把握してからでないと詳細を理解できません。なので、企画会議や説明会で話す時は、先にアウトラインを話してから、ディテールに移るのがよいでしょう。

イニシアチブ

［超訳］ **主導権**

《用例》
キミ、黙っていたんじゃ、いつまでたっても会議の**イニシアチブ**は取れんぞ。

会議などで積極的に発言・発案することで得られる、主導権のことです。

もともとは、「はじめる」を意味する英語「イニシエイト（initiate）」の名詞形で、厳密な訳語は「開始」です。しかし企画会議などは、だれかが案を出さないとはじまらないので、「発案」がイニシアチブと呼ばれるようになりました。そしていつしか、発案を通じて発揮される「主導権」も、こう呼ばれるようになったわけです。

なお、日本では発案者のことを「いいだしっぺ」ともいいますが、とかくいいだしっぺは、メンドーな仕事を押しつけられがち。そのリスクを背負う覚悟もなく、むやみにイニシアチブを取ると、あとで苦労します。ちなみに、「指導力」を意味する類義語のリーダーシップは、いいだしっぺでなくても発揮できます。

インセンティブ

［超訳］やる気にさせるご褒美（ほうび）やエサ

《用例》
ライバル店と値段は一緒でも、特典がつく分、うちの店のほうが**インセンティブ**は高いはずですよ。

たとえばあなたが「恋人の笑顔が見たくて、プレゼントを贈る」とします。この場合、「恋人の笑顔」があなたにとってのインセンティブになります。

直訳すれば「刺激」ですが、「報酬」、または「動機づけ」といった意味で使われます。人に行動をうながす刺激として、もっとも手っ取り早いのが、報酬だからです。転職者向けの求人情報の給与欄に「固定給＋インセンティブ」と、よくありますが、これは仕事の成果に応じた報酬を給与に上乗せする、という意味です。

動機づけといえば、**モチベーション**なる言葉もよく使われます。インセンティブが外から与えられる動機づけなのに対し、こちらは自発的な動機づけを指します。「自分を成長させたい」といった動機は、モチベーションにあたります。

インタラクティブ

［超訳］双方向の

《用例》
二次元の少女と恋仲になれるゲームはあるが、視聴者がアイドルと恋仲になれるほど**インタラクティブ**なテレビ番組はない。

異なるモノどうしの「あいだをつなぐ」といった意味をもつ**インター**と、「活発な」を意味する**アクティブ**の複合語です。人どうしのあいだで活発なやりとりが交わされる様子を表わし、「対話式の」「双方向の」と訳されます。

インターネットの普及とともに、やたらと使われるようになりました。かつて、情報は新聞やテレビを通じて一方的に流されるもので、市民はそれを受け取るだけでした。しかし、インターネットが登場したことで、だれもが情報を受けると同時に、発信することも可能になりました。情報の流れが双方向に切り替わったわけです。

テレビ業界は二〇一一年のデジタル放送への移行を機に、視聴者が参加できる番組が続々と増え、今では一般的となりました。

オーセンティック

［超訳］信頼できる本物

《用例》
このオークションに出品されるのは、**オーセンティック**な芸術品ばかりだから、安心して競売に参加できるよ。

ファッション誌で、よくこの言葉を見かける人もいるでしょう。見出しに「オーセンティックな英国紳士スタイル」と書いてあれば、洋服の着こなしが「正統派の」あるいは「本格的な」英国紳士スタイルという意味です。オーセンティックとは、「本物の」「信頼できる」という意味の形容詞です。

ファッション以外では、芸術や建築などのジャンルで使われます。たとえば新築物件の広告で「伝統的な和風スタイルを取り入れた、オーセンティックなデザイン」など。またビジネス会話では、「取引先を接待したいから、オーセンティックな料亭を教えてほしい」というふうに登場します。

なお、同意語に「正統的」という意味の**オーソドックス**があります。

オブジェクション

［超訳］**異議ありっ！**

《用例》
今年の忘年会では、一人ずつ芸を披露してもらう。この提案に対して、何か**オブジェクション**のある者はいるか？

アメリカの法廷で、オブジェクションという言葉は、日本の裁判でいうところの「異議あり！」という意味で使われます。

裁判中に弁護士や検事が、述べられている内容に対して異議がある場合、立ち上がって「オブジェクション！」といいます。洋画の法廷シーンで、このようなやり取りを観たことのある人もいるでしょう。

「反対」を表わす英語「objection」をそのままいうだけなのですが、自分の意見を堂々といえない日本人には、使いづらい言葉です。

会議などで反対意見がある時、立ち上がって「オブジェクション！」と叫んだりすると、おそらく白い目で見られます。

クロニクル

［超訳］年代記、もしくはそれを模した本

《用例》
創立百年を記念して、我が校の歴史を振り返る**クロニクル**を制作しますので、皆さまにはぜひ寄付をお願いします。

SF作家レイ・ブラッドベリの代表作に、『火星年代記』があります。原題は“The Martian Chronicles”。邦題は、その直訳です。このようにクロニクルは、「年代記」と訳されるのが一般的です。

本来は史実を年代順に記録した書物の総称ですが、新聞の紙名や小説の題名にもよく使われます。新聞の場合は、日々のニュースを長年にわたって報じていくと、それがおのずと歴史の記録になるからでしょう。小説の場合は、作中で長い時が流れ、国々が興亡を繰り返すような物語を、歴史書にかけているわけです。

また、CDアルバムのタイトルでも使われます。「○○（アーティスト名）クロニクル」は、デビューからこれまでの曲をまとめたベストアルバムです。

ケーススタディ

[超訳] 実際にあった具体例から学ぶこと

《用例》
こうした事故が発生するメカニズムを、以下、**ケーススタディ**によって探ってみましょう。

もともとは学術用語で、ある生物の群れの行動を観察し続けることで、その生物全体に共通する習性などをつかもうとする研究手法のことをいいます。日本語では、「事例研究」と訳されます。

ビジネスの場などでは、実際にあったトラブルやその対処法、もしくは成功例を分析して、今後に生かすこと（教訓とすること）を意味します。一つの実例から、ほかにも応用できる法則を見つけるという点が、研究手法と共通していますね。

一方でケーススタディという言葉は、**フィールドワーク**（野外観察）の意味とも重なります。こちらは、現場に行ってみて、自分の目で実態を把握する調査法のことです。

コンシャス

［超訳］わたし、○○を意識してます

《用例》
ただいまヘルス・**コンシャス**のキャンペーン中につき、健康グッズや健康食品がお買い得です。

バブル期、ボディコンと呼ばれる衣服が流行しました。**ボディ・コンシャス**の略で、「身体の線を強調した」という意味です。

当時は、これを着て**ボディライン**を見せびらかしつつ、ディスコで踊り狂う若い女性が少なくありませんでした。

コンシャスは、本来は「意識した」という意味。「意識」は場合に応じて、さまざまな日本語に置き換えられます。セーフティ・コンシャスなら「安全性を重視した」、エコ・コンシャスなら「環境に配慮した」といった具合。単独で用いられることは少なく、意識する対象を前かうしろにつけるのが通例です。多くの場合、自称による宣伝文句で、他者からの評価ではないので、鵜呑みにはできません。

コンセンサス

［超訳］事前に根回しをして、取っておくもの

《用例》
その件については、ずいぶん前に営業部の**コンセンサス**を得ているはず。今さら反対を唱えられても困る。

大勢の人間の「合意」、「意見の一致」といった意味です。民主的な社会では、ものごとを話し合いで決めるのがルールです。けれど日本人は議論が苦手なので、一度に大勢が集まって会議を開いても、なかなか結論が出ません。

そこで日本社会では、昔から、「根回し」という裏技が愛用されてきました。会議の前に、出席者と個別に打ち合わせをし、説得を試みたり、見返りを約束したりすることで、事前に賛同を得ておくのです。

しかし根回しには、どうしても「裏取引」や「密談」といった非民主的なイメージがつきまといます。そこで最近、「事前にコンセンサスを取る」などと表現することが増えているのです。このような言い換えの場合もあるので、注意が必要です。

シュリンク

[超訳] サイズや力が縮小すること

《用例》
庶民の購買力が**シュリンク**したままでは、経済の回復は望めない。なんでもいいからとにかく買わせるんだ。

書店で働いた経験のある人には、おなじみのカタカナ語ですね。そう、立ち読み防止のためにコミックなどを包装する、透明フィルムの呼称です。このフィルムは加熱すると縮むので、その性質を利用して商品を密封するのです。

このことからもわかるように、本来の意味は「縮む」です。物理的な収縮のみならず、精神的な「萎縮（いしゅく）」や、数量の「縮小」にも使われます。政治家や経済学者のいう「経済のシュリンク」とは、もちろん後者の意味です。

縮むどころか、まったく「ダメにしてしまう」という意味の言葉に**スポイル**があります。たとえば、「親の過保護が子どもをスポイルする」は、親が子どもを甘やかしすぎてその性質や将来をダメにしてしまう、という意味です。

スノッブ

［超訳］ **知的に見せかけようとする、中身のない人**

《用例》
あの映画評論家は、カンヌで賞を取った作品ならなんだって褒める、典型的な**スノッブ**だよ。

人をケナす時によく使われる言葉で、「俗物」と訳されます。俗物にもいろいろありますが、とくに「権威に弱い」「紳士・教養人を気取る」「知識をやたらとひけらかす」といった特徴をもつタイプが、スノッブにあたります。

彼らは、文学や芸術の愛好家を自称し、それらに関するウンチクを語りたがります。しかしその内容の大半は、評論家などの受け売りです。ビジネスの場でやたらとカタカナ語を使いたがる人も、スノッブの可能性大。

ブルジョアも、「成金」という意味で人をケナす時に使われることが多い言葉です。成り上がり者ゆえにブランド信仰が強く、高額なモノならなんでも良質だと信じこんでいる主体性のなさが、スノッブに似ているからでしょうか。

トレード・オフ

［超訳］あちらを立てればこちらが立たず

《用例》
環境と経済は基本的に**トレード・オフ**の関係にあるから、森林保護とリゾート開発は両立しないよ。

「一日のあいだに株の売買を繰り返すこと」を、**デイ・トレード**といいます。この**トレード**は経済的な「取引」のことですが、取引は何も経済上のものとは限りません。あらゆる矛盾や、対立のあいだで妥協点を探ることも、取引の一種。その妥協点が見出(みいだ)せず、「取引が成立しない状況」がトレード・オフです。

よくある例としては、勉強と遊び、恋と仕事、美食とダイエットなどが挙げられます。どれも両立がむずかしく、一方を犠牲にせざるをえない組み合わせです。こうした組み合わせを、「トレード・オフの関係にある」と表現するのです。

『二兎を追う者は一兎をも得ず』も、いっけんすると意味が似ていますが、これはすでにどちらも逃してしまっている状態なので、トレード・オフよりあとの話です。

トリビュート

［超訳］偉大な先人に敬意を表すること

《用例》
織田信長を敬愛する若手ミュージシャン百人が、いまだかつてない**トリビュート**コンサートを計画中。

「ビートルズの～」や「尾崎豊の～」などと、よく使われています。音楽業界ではたいていい、今は亡き有名ミュージシャンに敬意をこめて、その曲を後輩のミュージシャンたちが演奏することを指します。それが、聴衆の前で披露されるとトリビュートコンサート、録音されてＣＤで発売されるとトリビュートアルバムです。

良質なトリビュートは、化学反応のように新たな魅力を発揮しますが、本家の知名度と人気にあやかっただけと思われるものも、少なくありません。

なお、独自の楽曲をもたずそのミュージシャンの楽曲だけを演奏する、トリビュートバンドなるものも言葉として存在しますが、コピーバンドやカバーバンドとの境界は、きわめて曖昧です。

「尊敬・敬意」を意味する類義語には、**リスペクト**や**オマージュ**があります。

前者は英語、後者はフランス語。いずれもトリビュートにくらべると、映画や漫画などのさまざまな業界で使われる率が高く、とくに映画業界では、過去の名作に敬意を表した作品の多くはオマージュと評されます。音楽におけるトリビュートとは異なり、映画におけるオマージュでは、作風をまねることで敬意を示し、内容自体は独自なものとなるのが通例です。

これに対し、以前の作品とほぼ同じ内容のまま新たに作り直すのが**リメイク**。リメイクの場合は、「尊敬」の意がこもっているとは限りません。実際、同じ内容なのに旧作の美点を台無しにし、旧作ファンの反感を買う場合も少なくありません。

ヌーヴォー

[超訳] フランス生まれの新しいもの

《用例》
ワインは何年も寝かせていい味になる。**ヌーヴォー**がうまいなんていうヤツは、わかってない。

「新しい」を意味するフランス語で、ヌーヴェルも同じ意味です。名詞の前についたり、あとについたりします。毎年十一月に解禁される**ボジョレーヌーヴォー**は、「フランス南東部のボジョレー地方で、その年に生産された新酒」のことです。

美術の**アールヌーヴォー**、文学のヌーヴォーロマン、映画の**ヌーヴェルヴァーグ**など、芸術運動の呼称にもよく使われます。それぞれ、「新しい芸術」「新しい小説」「新しい波」という意味ですが、アールヌーヴォーの流行は十九世紀末、ほかの二つは一九六〇年代。新しかったのは、あくまで当時の話です。

ちなみに、ヌーヴェルヴァーグを英語にすると**ニューウェーヴ**になります。これもさまざまなジャンルでよく使われる言葉です。

ハイブリッド

［超訳］異質なモノどうしを混ぜ合わせた新型

《用例》異世界ファンタジーと本格推理を融合させた、**ハイブリッド**なエンターテインメント小説。

本来は「混血」や「雑種」という意味で、メスの馬とオスのロバとの交配から生まれるラバなどが、これにあたります。

生き物以外でも使われますが、その場合は「混合物」と訳されます。たとえばレモンサワーは、焼酎と炭酸水とレモン果汁からなるハイブリッド飲料です。

多くの場合、ハイブリッド製品はそれぞれの要素が合わさることで、新たな価値をもつようになった製品のことです。代表的なのが、ガソリン車と電気自動車を組み合わせた**ハイブリッドカー**でしょう。ガソリンの燃費が悪い低速度の時は、動力がガソリンエンジンから電気モーターに切り替わるのでガソリン代の節約になりますし、CO_2排出量も抑えられます。

プロトタイプ

〔超訳〕試作品

《用例》
プロトタイプを改良してスピードを三倍にした。量産化の暁には敵などものの数ではない。

「その機体は、しょせんプロトタイプだ」などとロボットアニメによく登場するので、それを観て育った三十～四十代の男性には、おなじみの言葉です。アニメの演出として、兵器開発の現場で使われるこの言葉を登場させていたようです。

そこではたいてい「試作機」の意味で使われていますが、これはロボットが機械だからこそ。そのほかのモノなら「試作品」、生物なら「祖先」、現象なら「先駆け」といった具合に、なんのプトロタイプかによって、訳語は変わります。ただ、「原型」といえば、どんな話にも対応できます。

コンピュータ業界では、ソフトの試作品を指す場合もありますが、関数プロトタイプといった時はプログラミング用語になります。

プロパガンダ

［超訳］自分の考えを世間に信じこませる宣伝活動

《用例》原発が安全だという神話は、電力会社と結託した政治家の**プロパガンダ**によって広められた。

ヒトラーを頂点とするナチスがドイツの人びとの心をつかみ、政権を取れたのは、広報大臣ゲッベルスのプロパガンダのおかげだといわれています。

プロパガンダは、政治において、自分たちの主張が正しいと世間に思わせ、支持を集めるために行なう「宣伝活動」のことを指します。

語源は「繁殖させる」といった意味のラテン語で、カトリック教会の「布教活動」のことを指していました。街頭演説やポスターといった直接的な方法以外にも、「人気タレントに自分を褒めさせる」「出資した映画に敵対する相手を悪役として登場させ、そのイメージダウンをはかる」など、さまざまな方法があります。

鵜呑みにしないために、情報**リテラシー**（八〇ページ参照）を身につけましょう。

ポートフォリオ

［超訳］**資産構成／書類や作品集**

《用例》
ポートフォリオを組み、投資にともなうリスクの分散をはかる。（金融）／面接用に**ポートフォリオ**を作った。（マスコミ）

よく使われるのは、金融の世界です。安全性や収益性が異なる複数の金融商品の組み合わせによる資産構成をポートフォリオといいます。ポートフォリオを作り、投資のリスクを分散させて資産運用する手法は、ポートフォリオセレクションと呼ばれます。また、個人や企業がもっている株式や債券をまとめた「有価証券一覧表」を指す場合もあります。

もとは「紙ばさみ」、つまり**クリップボード**のことでした。転じて「書類の収納グッズ全般」を意味するようになり、やがて中身のことになりました。

マスコミ業界やファッション業界では、カメラマン、ファッションモデルらが、自分を売りこむためにまとめた「作品見本集」や「見本写真」を指します。

ボトルネック

【超訳】仕事や作業全体の進行をとどこおらせる要因・部分

《用例》
キミの企画、おもしろいけど、費用がかさみそうなのが**ボトルネック**だな。その点さえ解決できれば、通せると思うよ。

首をおおうとっくりのような形の襟（えり）の服を、タートルネックと呼びます。タートルは「亀」、ネックは「首」。亀が甲羅から首を出すさまになぞらえているわけです。

ではボトルネックは、「瓶（ボトル）の形状に似た襟」ということでしょうか？

ボトルネックの場合は、ネックはそのままビンの「首」を指します。「ビンの首は細くて（液体が）通りにくい」ため、流れをとどこおらせます。その意味のまま、（作業などの）全体の流れを悪くしてしまう要因のことを指す時に使われます。

たとえば、とある事務作業をしていたのに、パソコンが故障したせいで作業（の流れ）がすべてストップしてしまったら、パソコンの故障がボトルネックなのです。

「それが**ネック**になっている」と略されて使う場合のほうが多いですね。

マチュア

［超訳］「中年」のオシャレな言い方

《用例》
落ち着いた大人の雰囲気と、お洒落(しゃれ)感とをあわせもつ、**マチュア**な女性のための衣服です。

英語では「中年」を**ミドル・エイジ**と呼びますが、その言い換え語にあたります。果物などに対して使われる「熟した」という語を人にあてはめて、「成熟した、大人の」といった具合に、加齢や老化を紛(まぎ)らわす効果があります。

中高年のことを「熟年」といいますが、近年は六十五歳以上の高齢者を指すことが多くなってきました。そこで中年をこれと区別し、マチュアと呼ぶようになったのです。

また、マチュアな女性の同年代に「美魔女」がいます。美魔女とは、努力を重ね、年相応に見えないほど若々しくキレイになった（おもに）四十代の女性です。

マチュアな男性の別名は俗語で**コヤジ**といいます。「コジャレたオヤジ」の略で

すが、ひびきがよくないためか、世の中にあまり浸透はしていません。

さらにコヤジは「若いのに、オヤジっぽい人」の意味もあり、二十代～三十代の男性に対して使われます。

最近では、男性ではなく「赤ちょうちんの焼き鳥屋に一人で飲みに行ってしまう」という、若い女性のコヤジが増えています。カタカナ語ではありませんが、コヤジな女性は「干物女」「喪女」とも言い換えられるかもしれません。

マイルストーン

［超訳］いつまでにこれをやるという中間目標

《用例》
転職は人生における**マイルストーン**の一つだ。タイミングを誤まると人生設計が全部狂うぞ。

江戸時代の日本の街道には、どれくらい進んだかを旅人に示す目印＝指標として、「一里塚」なる塚が置かれていました。マイルストーンはその西洋版です。

今では、「計画などを進めていくうえで、遅れが許されない重要な節目」といった意味で使われることが多いです。大きなプロジェクトを進める時は、完了までになすべき作業を何工程かに分け、各工程をいつまでに必ず終えるという途中の目標、すなわちマイルストーンをあらかじめ設定しておき、進捗状況を確認します。また、「画期的な出来事や業績」のこともマイルストーンといいます。

ものごとを判断する時の指標は、**メルクマール**といいます。

リソース

［超訳］会社でいえば、「ヒト・モノ・カネ」

《用例》
限られた**リソース**を消耗させないためには、一時的に事業を縮小するのもやむを得ない。

「設備はそろっているのにリソースが足りない」という人がいますが、設備もリソースの一種ですのでこの言葉遣いは間違いです。

もっぱら「資源」と訳されます。資源というと、石油などの天然資源が思い浮かびますが、リソースにはそれだけでなく、何かをするのに必要なすべての要素が含まれます。経営の話では、会社経営の基盤となる「ヒト・モノ・カネ＋無形資産（情報や著作権やノウハウ）」を指す時に使われます。

なお、リソース（resource）の**ソース**は「源」や「出どころ」を意味し、「その情報のソースは？」などと使われます。調味料のソース（sauce）とは、スペルがちがう別モノです。

ロイヤルティ

［超訳］**著作権や特許の使用料／忠誠心**

《用例》
広告に、あのマンガのキャラクターを起用したいんだけど、**ロイヤルティ**が高そうだね。

「royalty」と「loyalty」。意味の異なる二つの英単語が、どちらも同じ「ロイヤルティ」という同じカタカナ語になっているので、注意が必要です。

前者は「王の」という形容詞を名詞化した言葉です。ロイヤルミルクティのロイヤルもここから来ています。

しかしこの「royalty」は、たいていの場合、「著作や特許の使用料として権利者に払われる代金」といった意味で使われます。使用料を徴収するのは作者や発明家の特権。それが王らしさの一つ、「王の特権」と重なるのでしょう。

派生語に、**ロイヤルティ・フリー**があります。直訳では「使用料無料」という意味ですが、実際には「最初にお金を払えばそのあとは無料」というしくみの場合が

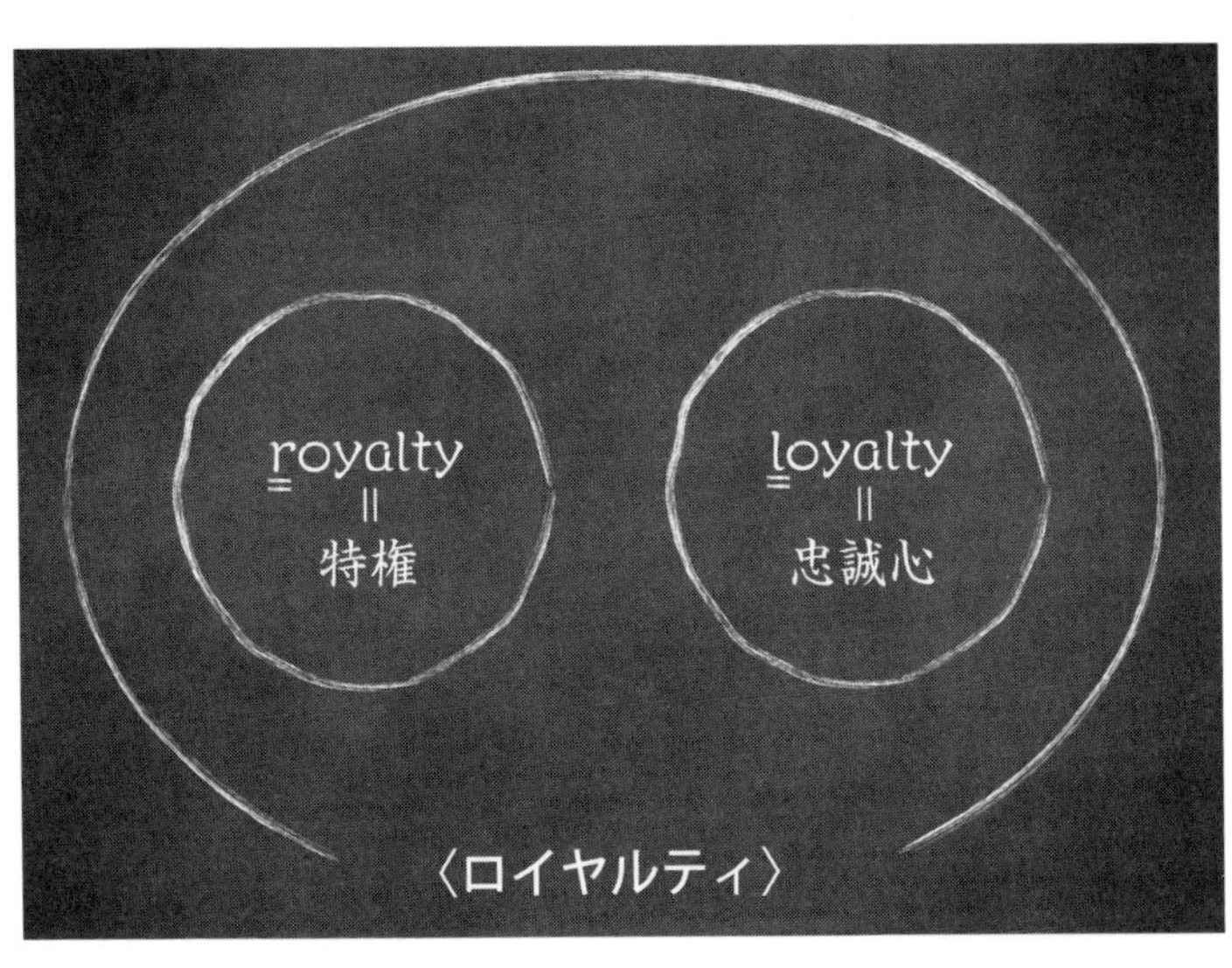

多いようです。

一方、「loyalty」のもともとの意味は「忠誠心」ですが、「ファン心理」を意味することもあります。熱烈なファンは、みだりに応援する対象を変えないもの。それを忠誠心になぞらえているのです。

企業の経営陣がよく「顧客満足度を高めて、顧客を自社ブランドのファンにせよ」と、社員にハッパをかける際に用います。上に「顧客」を意味する言葉をつけ、**カスタマー・ロイヤルティ**とするのが、「royalty=著作権使用料」と混同しないための妥当な手段です。

ロイヤリティともいいますが、「ル」と「リ」の使い分けはほとんどされていません。

ロードマップ

[超訳] 目標達成までの作業工程表

《**用例**》
政府は、今後十年で段階的に消費税を十五％まで引き上げると宣言、そこに至るまでの**ロードマップ**を発表しました。

会社で「ロードマップを提出しろ」といわれて「道路地図」をもっていってしまったら、評価が下がるかもしれませんので気をつけましょう。直訳としては正解ですが、カタカナ語でいわれたら「目標達成までの道筋」という観点から、「予定表」のことを指すのです。

表にすると、やるべきことの優先順位が明確化し、スケジュール管理がしやすくなります。なお、似た役割を担う**マイルストーン**（一〇八ページ参照）は、このロードマップを構成する要素の一つです。

ちなみに「**ハザードマップ**」（二一七ページ参照）を出せ」といわれたら、もっていくのは本物の地図でOK。「危機管理ができている」と褒められるでしょう。

第四章

新聞・ニュースに頻出する時事語

アカウンタビリティ

［超訳］納得できる説明が必要です

《用例》
不採算事業から撤退するのはやむを得ない。ただし、株主への**アカウンタビリティ**は果たさなければならない。

なにごとにもオープンなアメリカという国には、「政府には、国民から集めた税金の用途を公開する責任がある」という考え方があります。

アカウンタビリティ（accountability）の account は、「会計」や「取引」という意味があり、本来は「会計の説明責任」を指すものでした。それが転じて、「なんらかの関わりのある人に対し、きっちりと説明をする責任を負う」という意味の言葉として、さまざまな場面で使われるようになりました。

なかでもとくによく出てくるのは、政治や経営の話の時。政治家には政策について国民が納得できる説明をする責任が、企業には株主や消費者に資金の運用や事業内容を説明する責任があるからです。

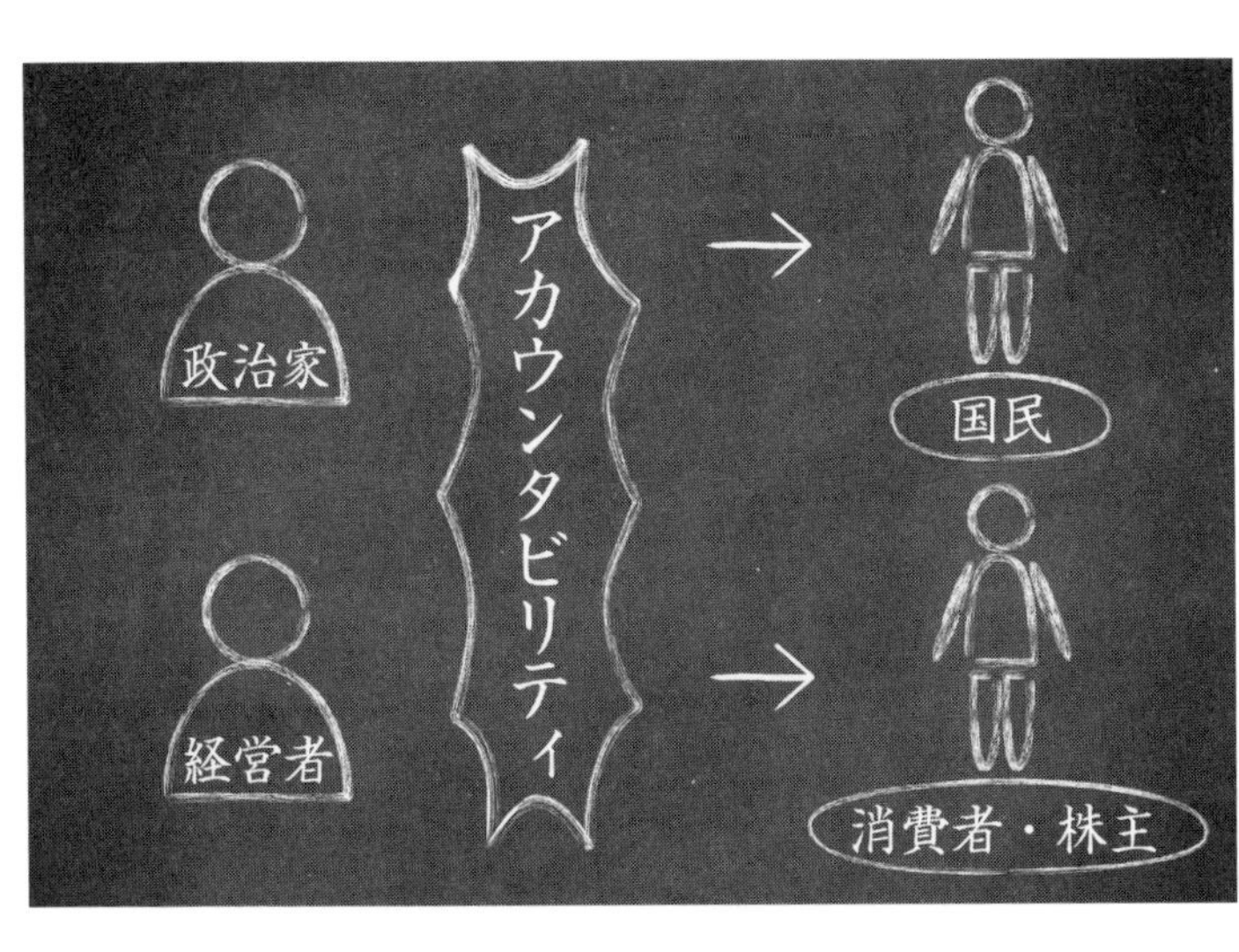

この言葉が日本でさらに広まっていくと、〝ことなかれ主義〟を貫いてきた企業のトップや、密室政治が得意な政治家は、困ったことになるかもしれません。

「そうだ、そうだ。当初の政策方針を転換した政府には、アカウンタビリティが問われてしかるべきだろう」などと、何かにつけて説明を要求する人が増えていくからです。

しかし、わたしたち一般市民・消費者からすれば、開かれた政治、開かれた企業を生むきっかけになり、マイナスよりもむしろプラスの多い舶来語といっていいでしょう。

ちなみに、**ソーシャル・レスポンシビリティ**といえば「社会的責任」と訳されますが、これを果たさない人や組織は少なくありません。

アセスメント

［超訳］事前予測・評価

《用例》
マンションが立ち並ぶ湾岸地区で発生した液状化現象に対し、鈴木議員は徹底した**アセスメント**の必要性を訴えた。

エコが叫ばれる現代において、この言葉がよく登場するのは土地開発に関わる場面。山を削ったり、干潟（ひがた）を埋め立てたりして行なわれる土地開発が、周辺の大気や水質、生物などにどんな影響を与えるかを予測し、きちんと評価をしてからはじめようというわけです。これは、環境アセスメントともいわれます。

このように、アセスメントとは、「評価」「査定」という意味です。**リスクアセスメント**といえば、たとえば新規事業などに参入する際に、前もって参入によるリスクを評価し、それが許容できるかどうかを査定することです。

語源は、「評価する」という意味の動詞 assess で、「○○アセス」と略されて使われることもあります。

インティファーダ

［超訳］団体で強く抗議すること

《用例》
社員の不当解雇を続けるA社を許すな！　われわれは、覚悟と意志をもった**インティファーダ**をしよう！

ふだんの会話のなかに、この言葉が登場する人は、中東情勢にくわしい人といえるでしょう。なぜなら、この言葉は、もともと「振り落とす」を意味するアラビア語だからです。

実際、中東の紛争を伝えるニュースで耳にすることが多く、現在は「反乱」や「蜂起（ほうき）」という意味でよく使われています。

一九八七年末、イスラエルが占拠する地域で、パレスチナの民衆が組織を作って抗議活動を展開しました。それがインティファーダのはじまりでした。

九一年には、イラク国民がサダム・フセイン政権に反発するインティファーダを起こしました。平和ボケしている日本では、ほとんど起こりません。

オンブズマン

［超訳］行政の不正をあばく、庶民の味方

《用例》 県の職員が経費でキャバクラ通いをしていたことが、**オンブズマン**の内部調査でわかった。なんてことだ！

市民の代わりに国の不正行為を調査したり、行政への苦情を申し立てたりする人や機関のこと。また、オンブズマンを設けることを、オンブズマン制度といいます。語源は「仲介者」「代理人」という意味のスウェーデン語。議会などから任命され、国民の代理人として行政が違法・不当なことをしていないかを、独立した立場で監視・告発する人や機関のことを指します。

市民オンブズマンという言葉もありますが、これは少し意味がちがいます。だれかに任命されたり、公的な団体として権限があったりするのではなく、自ら立ち上がって世直しをしようとする人たちが市民オンブズマンです。近年は女性のケースも増えたので、オンブズパーソンという呼び名が使われることもあります。

コンプライアンス

［超訳］世間のルールにちゃんとしたがうこと

《用例》
W社は日本を代表する大企業だけあって、**コンプライアンス**に力を入れているなぁ。

大企業の粉飾決算や廃棄物処理をめぐる不祥事など、信用をおとしめる事件が増えたことで、注目されるようになったカタカナ語です。

四字熟語で表わすと、「法令遵守（じゅんしゅ）」。ずいぶんいかめしく聞こえますが、要するに「イカサマをやめて、ルールにのっとったことをする」という、道徳的スローガンのようなものです。

「我が社は、コンプライアンス委員会を設けて、徹底した法令遵守を心がけています」という企業は、偽装や粉飾をしませんと訴えているわけです。

ただ、うがった見方をすれば、「その業界では、コンプライアンス違反がありうる（かつてあった）のか」とよけいな疑念をもつことにもなります。

ジハード

［超訳］イスラム原理主義者が異教徒と戦う時の標語

《用例》
また自爆テロがあったらしい。イラクやアフガニスタンでは、**ジハード**が正当化されてしまっている。

中東でアメリカ軍に対するテロが起こるたびに、この言葉が登場します。血なまぐさい印象ですが、もともとは、「努力する」という意味のアラビア語でした。「努力」が、なぜテロや戦争になるのかといえば、イスラム教の聖典『コーラン』に、異教徒との戦いを「義務とする」内容が記されているからです。イスラム教徒にとって、『コーラン』の内容は絶対。イスラムのために戦うことは、つねに正しい努力（＝聖戦）なのです。ただ、過激なテロは原理主義にとっての「ジハード」であって、穏健派はそのような行為をジハードとは認めていないようです。

さらに、イスラム教には、ジハードで死ねば天国で永遠の命を授けられるという教えもあります。この先も、自爆テロがなくなることはないかもしれません。

スマートグリッド

［超訳］電力を効率よく使うためのネットワーク

《用例》
スマートグリッドが普及すると省エネにつながるし、再生可能エネルギーも使えるそうだよ。

英語の grid には、「焼き網」のほかに「送電網」という意味があります。それを smart（効率よく）にするしくみが、スマートグリッドです。最大の特徴は、ITを駆使して電力の需要と供給をきめ細かく自動調整し、省エネができることです。

エコ関連の用語にはほかに、**コージェネレーション**（略してコージェネとも）があります。これは排熱を利用し、効率よく電力を生むシステムを指します。

ゼロ・エミッションといえば、とある産業の生産過程で出た廃棄物をほかの産業の資源として利用することで、社会全体の産業廃棄物をゼロにする取り組みのこと。「工場からの廃棄物をゼロにする」という意味で使われることもあり、こちらはすでに多くのメーカーの工場などで実施されています。

タックス・ヘイブン

[超訳] **税金ほぼゼロの国や地域**

《用例》
あの会社は、**タックス・ヘイブン**に名前だけの現地法人を設立した。税金を免れようという魂胆がミエミエじゃないか。

そのまんま訳せば、「税金の避難所」。つまり、国税庁が税金を避難させている場所……、ではありません。tax havenとは、税金が免除されたり軽くなったりするため、「世界中の企業が避難している場所」という意味です。残念ながら日本にはありません。

有名な場所は、モナコやイギリス領ヴァージン諸島など、これといった産業のない小国や島ばかり。税金を回避できる土地となって、世界各国から企業を誘致しているのです。ただし、マフィアや悪徳企業が不正に得た金を隠すなど、悪用されるケースも多く、批判されることもしばしばあります。

ディスクロージャー

［超訳］**企業が自社情報を公開すること**

《**用例**》
はじめて株を買ったけど、上場企業だから**ディスクロージャー**が義務づけられている。きちんと確認しないと。

上場企業のウェブサイトを見ると、「ＩＲ情報」というコーナーがあります。クリックすると、決算報告書や役員の名前などがズラっと出てきます。

じつは、ＩＲ情報はディスクロージャーの一つ。企業の経営状態や、財務や人事がどういった状況なのかを、株主などの利害関係者（**ステークホルダー**／一八三ページ参照）が知っておけるように、企業の情報を公開することが義務づけられています。ただし、これは上場企業にのみに課されている義務です。

近年は、企業だけでなく、政府や自治体、医療機関でも、「失敗や不正の隠匿（いんとく）をなくすため、内部情報をもっと世間に知らせるべきだ」と、ディスクロージャーが求められるようになりました。

デフォルト

［超訳］まっさらなゼロの状態／債務不履行

《用例》
ある国で**デフォルト**が起こったせいで、世界金融危機に発展する可能性があるなんて、これまで考えもしなかったよ。

たくさんの意味をもつdefaultには、欠席、怠慢、不履行、棄権、何もしない、など負のイメージがつきまといます。

パソコンを使うみなさんのなかには、いろいろインストールしすぎて起動が遅くなったり、アダルトサイトにアクセスしたせいで動作がおかしくなったりした時に「デフォルトした」経験がある人がいるかもしれません。つまりは、初期設定に戻すことを意味します。

金融の分野では、意味が変わり、「債務不履行」を指します。支払うべきお金がなくなった状態です。企業がデフォルトになったら、倒産です。以前、「ギリシアにデフォルトの懸念が……」とさかんに報道されましたが、これはギリシアという

国が債務不履行におちいって、倒産しそうになりつつある状況を示していたわけです。

　国でデフォルトが起こると、当然のごとくその国の経済は破綻（はたん）し、国民の生活にさまざまな混乱をまねきます。そればかりか、関係国にも悪影響をおよぼします。

　いずれの意味でもデフォルトは、よくない状態が続いたあげく、最終的にこれまで積み上げてきたものが、すべてパーになるような状況で使われることが多いといえます。できるだけ、デフォルトを避けて暮らしたいものです。

ドクトリン

［超訳］オレさまの戦略

《用例》
トランプ大統領が押し進める「国境の壁」建設に関する**ドクトリン**によれば、アメリカは不法移民を警戒しているようだね。

古くは「ニクソン・ドクトリン」、少し前だと「ブッシュ・ドクトリン」のように、「アメリカ大統領の名前＋ドクトリン」として用いられることが多かったため、政治に関係する言葉だと思っている人も多いでしょう。しかし、本来は「教義」や「原則」を意味する言葉です。

政治や外交の場で用いられると、「基本となる政策」を意味します。たとえば、ある国の元首が「積極的なアジア外交を展開する」と宣言すれば、アジア重視のドクトリンを、ドーンと掲げたことになります。

なお、福田赳夫（たけお）元首相が一九七七年に表明した東南アジア外交三原則は、「福田ドクトリン」と呼ばれました。日本人だとしっくりこないのは、気のせいでしょうか。

トレーサビリティ

［超訳］**足あと追跡システム**

《用例》
当社は、流通面でのサービス向上をはかるため、**トレーサビリティ**を重視しています。

スーパーで売られている食品は、さまざまな場所で生産・加工されて売られています。すべての食品が安全とは言い切れない現代では、とくに気になるところです。

そこで、食品をはじめとする商品の生産から加工・販売といった一連の過程の履歴がわかる照会システム（トレーサビリティ）ができました。ＩＣタグやバーコードには、食品が加工された場所や出荷された時間などの情報がつまっています。

日本では牛肉や米、米の加工品などにトレーサビリティの導入が義務づけられています。今後ますます、こうした商品が増えていくでしょう。

ニュートリノ

［超訳］宇宙に無数にある極少のつぶ

《用例》 南極にある**ニュートリノ**の観測所では、星のメカニズムや宇宙の質量などの調査が行なわれている。

科学・宇宙関連のニュースでよく登場します。専門の学者いわく、「物質を構成する素粒子の一つ」……、よくわかりません。

つまりは、宇宙に（もちろん地球にも）いっぱい漂っているつぶです。その存在自体はかなり前からわかっていました。しかし、高性能電子顕微鏡でも見えないほど小さく、重さもほぼゼロであるため、観測ができない状態が続いていたのです。

それでも、二十世紀の後半には、観測方法の発達や施設の充実により、ニュートリノの検出・研究ができるようになりました。これに貢献した物理学者の小柴昌俊氏が、二〇〇二年にノーベル物理学賞を受賞。岐阜県飛驒市には、このニュートリノを観測する専門施設「スーパーカミオカンデ」があります。

パンデミック

［超訳］**感染症の世界的流行**

《用例》
人類がまだ遭遇していないウイルスが突然登場し、一気に**パンデミック**に発展する可能性はだれも否定できません。

「インフルエンザが大流行し、学級閉鎖になった」ということは、身近でも一度くらいはあるはず。もし世界中で大流行したら……、これがパンデミックです。

なお、正確にはインフルエンザだけでなく、ペストなどの感染症が地球規模で大流行してしまうことを指します。記憶に新しいのが、二〇〇九年に発生した新型インフルエンザ。全世界の感染者数は約六十万人にも達し、WHO（世界保健機関）は、二十一世紀最初のパンデミックを宣言しました。

牛への感染が広がったBSEは、**プリオン病**という病気の一種で、異常タンパク質によって脳がスポンジ状になってしまう病気です。こちらも、ゆくゆくはパンデミックの危険性があるのではといわれています。

バイオマス

［超訳］地球にやさしい生物資源

《用例》
日本には資源がないといわれるけど、**バイオマス**の有効活用によって再生可能エネルギーを作ることはできます。

「生物・生命」という意味のバイオ（bio）と、「量・集合」という意味のマス（mass）をつなげた言葉で、もともとは生物学の言葉です。

ただ最近は、家畜の排せつ物や生ゴミ、木くずといった「再生可能な生物由来の資源」のことを表わす言葉として、おもに環境・エネルギー分野でよく使われます。

また東日本大震災の発生以降、新聞などで見かけるようになったバイオマス発電は、文字どおりバイオマスを利用（燃焼・ガス化など）した発電方法です。

この言葉が脚光を浴びるようになったのは、温室効果ガスの排出量を規制した京都議定書が発令されてからのこと。

なぜならバイオマスエネルギーは、温室効果ガスであるＣＯ$_2$の排出量が（火力

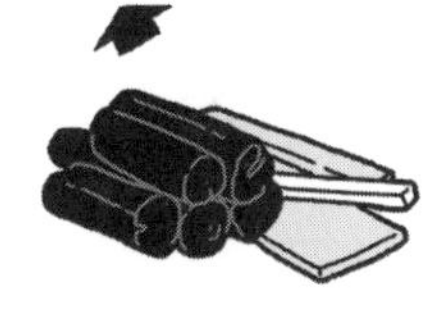

発電などにくらべて）少ない、自然エネルギーだからです。

　最近では、バイオ（マス）燃料も登場しています。

　とくに、サトウキビやトウモロコシなどを発酵させて作る**バイオエタノール**や、植物油や廃食用油などから作る**バイオディーゼル**はすでに実用化され、ガソリンに替わる新燃料として注目されています。

　もともと日本は、卵の殻（から）を花壇にまいたり、畑に生ゴミを埋めて肥料として使ったりしてきた国。バイオマスの研究開発も、ますますさかんになってほしいものです。

プライマリーバランス

［超訳］国の収支は、赤字？　黒字？

《用例》
プライマリーバランスが黒字化すれば、日本の借金はこれ以上増えないことになります。

「日本のプライマリーバランスは今年も赤字で……」と、ニュースで耳にしますね。プライマリーバランスは「基礎的財政収支」ともいい、国債（国民への借金）の収支を除いた、国の財政状況を示す言葉です。

本来は、社会保障をはじめとした行政サービスは税金などで得た収入でまかなうべきです。ところが日本は、完全な収入不足・支出過多で、プライマリーバランスの赤字が長年続いています。赤字の分は国債で補填（ほてん）するしかないため、赤字続きだと国債の発行額はどんどん膨れ上がっていってしまいます。

これ以上、国債を発行したくない日本政府は、黒字に転換するために消費税の増税を考えていますが、それでも黒字にはならないという見解もあります。

ブラックスワン

〔超訳〕「ありえへん！」な事態

《用例》
サブプライムローンの破綻を予測した者は、いなかった。まさに**ブラックスワン**だったのさ。

今から四百年ほど前、オーストラリアで黒い白鳥が発見され、「白鳥は白色」という常識が一瞬にして崩れ去りました。この例のように、確率論や経験的知識では予測できない稀有(けう)な現象が突然発生し、それが多大な影響を与えることを総称して、「ブラックスワン理論」といいます。認識論学者で元**ヘッジファンド**（一九二ページ参照）運用者のナシーム・タレブが、二〇〇六年に出版した著作『ブラック・スワン』のなかで発表し、大きな反響を呼びました。

その後この言葉は、突然発生する株の大暴落が引き起こす恐慌など、おもに金融・投資の分野で、「マーケットにおいて事前に予想できず、それでいて、起こった時の衝撃がとても大きい事象」を表わす言葉として使われるようになりました。

プルサーマル

[超訳] 核燃料の使い回し

《用例》
原発の事故があった今、**プルサーマル**は考え直さないといけないだろう。

福島第一原発の事故後、原発の安全性を問うニュースに頻出するプルサーマル。これは、放射性物質**プルトニウム**の「プル」と、サーマルリアクター（軽水炉）の「サーマル」をつなげた和製英語です。

原子力発電において、軽水炉の使用済み核燃料を取り出し、ふたたび軽水炉で燃やす方式を指す、「プルトニウム使い回し作戦」ともいえます。「もったいない精神」から生まれたリサイクルではなく、「余剰プルトニウムを日本は保有しない」という国際公約を守る手段です。

これまで、日本政府はプルサーマルを推進し、いくつかの原発で営業運転されてきましたが、原発事故の影響で先行きは不透明です。

ペイオフ

［超訳］一千万円以下の預金ならば、銀行がつぶれても戻ってきます

《用例》
ペイオフで預金は保護されるけど、口座が凍結されたら、すぐに引き出せない。

「○○銀行が経営破綻」といった暗いニュースで、必ず登場するペイオフ。金融機関が破綻した場合に、預金者に元本（最大一千万円まで）とその利子を払い戻す保険制度のことです（決済用の当座預金は全額保護。逆に、外貨預金は保護対象外）。

銀行は、万が一の倒産に備えて、毎年預金量の一定割合を保険料として預金保険機構に支払っています。もし破綻しても、預金者への払い戻しに困らないようなしくみになっているのです。

「……でも、キミは一千万円以上の預金はないようだから、心配する必要がなくていいよね」と、友人に軽口を叩くのはつつしみましょう。友人関係が破綻するかもしれません。

ベーシック・インカム

[超訳] 最低限必要な生活費を全国民に一律支給しよう

《用例》**ベーシック・インカム**が実施されたら、労働意欲が薄れたり、生きがいを失ったりするかもしれないよ。

格差是正や貧困撲滅の対策として、注目されはじめているベーシック・インカム。政府があらゆる国民に、最低限の生活を送るのに必要とされている現金を、無条件に一律で給付するという、いっけん夢のような構想です。賛成派は、景気刺激策や少子化対策になり、地方の活性化にもつながるからいいだろうといいます。

しかし、「働かなくてもお金がもらえる」となれば、国民の労働意欲が低下してしまうのではという懸念もあります。また、導入と同時に既存の失業手当や基礎年金といった社会保障が縮小・廃止されるので、慎重に検討すべきでしょう。

そもそも、政府が国民全員にお金をばらまくといっても、どこからそのお金を捻出するつもりなのか……、それはだれも知りません。

ポピュリズム

［超訳］庶民の人気取りしか考えない政治

《用例》
人気があるのはいいが、彼の政策は**ポピュリズム**だ。この前も「消費税の完全撤廃を目指します！」といっていた。

十九世紀末、アメリカでは農民を中心に社会改革の運動が起こり、「人民党」が結成されました。ポピュリズムは、もともとこうした運動を指していました。

しかし現代では、もっぱら政治家を批判する時に使われます。民衆の人気を得ようとする発言や政策ばかりを掲げる政治家、つまり「大衆迎合主義」的な政治家をケナす際に用いられるのです。ときに政治家には、国民から非難されるような政策であっても、国の未来のために断行することが求められます。

ポピュリズムな政治家が増えてしまうと、自国よりも自分の人気を優先してしまうので国政がめちゃくちゃになってしまいます。人気のあった小泉政権は、たびたびポピュリズムだと批判されていました。

モラル・ハザード

［超訳］当たり前のルールすら守られない状態

《用例》
食品の賞味期限偽装や産地偽装は、生産者の**モラル・ハザード**が原因だったのではないだろうかと思う。

偽装や粉飾（ふんしょく）など、信用を損ねる企業の不祥事が起こると、マスコミは原因を探します。そこで行き当たりがちな結論として、この言葉が登場します。モラルは「倫理の」、ハザードは「崩壊」を意味します。

もともとは保険業界の用語で、「医療保険の加入者はささいなことで病院に行く」「自動車保険の加入者は注意力が散漫で、事故率がアップする」といった、保険がもたらす負の現象のことをモラル・ハザードと呼んでいました。

教師にトンデモないクレームをつける親、部下を自殺や退職に追いこむほどのパワハラをする上司など、モラルハザードを起こしている人はたいてい「モンスター○○」になるので要注意です。

リコール

［超訳］解任要求システム／欠陥商品の修理制度

《用例》
金品の見返りに、特定の業者に公共事業を発注した小林市長には、**リコール**を要求する！

政治家の収賄（しゅうわい）が明らかになる時か、自動車等で大きな欠陥が発覚した時のニュースでよく登場する言葉です。じつは、リコールには二つの意味があります。一つは、政治家や裁判官のようにオフィシャルな立場の人を、国民や市民の要求によって解職できる制度。つまりは、解任要求システムです。

もう一つは、欠陥商品が発見された時に、メーカーが無料で回収し、修理しなければならないという制度です。

二つの共通点を挙げるとすれば、どちらも「深刻な問題があったので、もとの状態へ戻す」ということでしょうか。政治家は一般人へ、欠陥品は正常な状態へ、さらにはもち主のもとへ、いずれも戻ることになります。

リバースモーゲージ

［超訳］マイホームを担保に老後資金を借りること

《用例》投資に失敗し、残ったのは自宅だけ。生活ができないので**リバースモーゲージ**を利用してお金を借りた。

マイホームはあれど、生活資金がなくて困っているという高齢者が増えています。しかし、高齢者の場合、金融機関からお金を借りることは容易ではありません。ところが、そんな時でも融資を受けられる方法がリバースモーゲージです。

土地つきの住宅をもっていれば、それを担保に毎月一定の（あるいは一度にまとまった）額を融資してもらえる制度で、マイホームを売却せずに老後資金を調達できるのが最大の魅力。家を買う時に毎月一定額を支払うローンと逆の発想です。

借りたお金を現金で返済しなくてもいい代わりに、当事者の死亡後に（担保に入れた）家が処分され、借金返済にあてられます。ただし、担保となっている不動産の価値が下落し、担保割れするといったリスクもあります。

第五章

ビジネス会話に何気なく出てくる業界語

アサイン

［超訳］考えて振り分けること

《用例》
急な話ですが、得意先の強い要望により、来週から開発プロジェクトに**アサイン**されることが決まりました。

一般的に、ビジネスの現場で飛びかうアサインという言葉は、「仕事を割りあてる」「役職に任命する」「部署に配属する」という意味です。

ただし、業界によって使われる状況や意味は、微妙にちがってきます。ＩＴ業界の管理職が、「優秀なプログラマーを十名ほどアサインする」といえば、「確保する」を意味します。経営コンサルタントが、「来週からG社のプロジェクトにアサインする」といえば、「メンバーとして参加する」ことを指します。

「○○社長のアサインは、高層階の日当たりのよい部屋にします」といった使い方をするのはホテル業界。ルームアサイン、つまり「部屋割り」を指しています。レストランでは、「庭が見える窓際のA卓にアサインする」というように、「予約客の

テーブルの割りあて」を意味します。ツアーコンダクター（添乗員）は、飛行機や列車などの座席の割りあてをシートアサインと呼んでいます。

なお、**ジョブ・アサイン**は、仕事を割りあてること、**アサインメント**は割りあてられた業務です。「浅い」の反対語は「深い」ですが、アサインの反対語はリリースです。「わたしは来週末にリリースします」といえば、プロジェクトから離れること、場合によってはクビになったことをぼかす表現として使われます。

アジェンダ

〔超訳〕 **行動計画／検討課題**

《用例》
藤原部長、来週出席されるセミナーの**アジェンダ**を箇条書きにしてメールでお送りしましたので、ご確認ください。

若手の政治家が「わが党のアジェンダは……」と、口にするようになったことで、政治用語としても知られるようになったアジェンダ。その語源は「なされるべきこと」を意味するラテン語です。転じて、英語では「予定表」の意味になりました。

今やおなじみの**マニフェスト**が、政治の世界で「公約を知らせる宣言」として使われるのに対し、アジェンダは政府や官公庁が定めた政策の「行動計画」や、政党が提唱する「重要な政策」の意味で用いられています。

最近、マニフェストという言葉が「守らなくてもよい公約」の意味合いをもちはじめたので、これからはアジェンダが流行するかもしれません。

一方、外資系企業やＩＴ関連企業では、「次の会議のアジェンダを明日までにま

とめておいてくれ」などと、よく命じられます。このケースでは会議のスケジュールや会議の行動計画ではなく、会議における検討課題、つまり「議題」のことを指しています。

　したがって、会議のアジェンダをまとめておくよう命じられた社員が、きょとんとした顔で、「アジェンダとは、ナンでしょうか？」と敏腕部長にたずねたら、「ビジネス用語を知らないことが、キミのいまのアジェンダ（課題）だ！」と切り返されるかもしれません。仕事以外の時間でけっこうですから、どうぞ本書を熟読してください。

アテンド

［超訳］接待をする

《用例》
今週末は得意先の**アテンド**で忙しくなります。ホテルに宿泊し、昼はゴルフ、夜は宴会を計画しています。

「世話をする」「もてなす」といった意味で使われるアテンド。「クライアントをアテンドする」といえば、「得意先を接待する」ことを指します。

「制作発表アテンド」のように、広告代理店やイベント企画会社の担当者などが、そのイベントに立ち会うことをアテンドと呼ぶこともあります。

ブライダル業界では、花嫁の身のまわりの世話をする担当者をアテンドと呼び、その仕事を**アテンドサービス**といいます。

「外国人観光客をアテンドし、浅草と秋葉原をまわります」といえば、ツアーコンダクターが客と「同行する」ことです。ただし、キャバクラ嬢が客と同伴出勤することを「アテンド出勤」と呼ぶ習慣はありません。

イシュー

［超訳］**論点／発行物**

《用例》
さっきのプロジェクト会議でもめていた**イシュー**は、ささいなことだ。これじゃあ、今後の進行が思いやられる。

「論点」を意味し、おもに外資系企業で用いられています。「○○社のイシューは企画力の弱さ」といった場合は、課題や問題点を指します。また、海外の大物社長のマネをしたがる経営者が、「問題点を明確にして危機管理に努める」という意味で**イシューマネジメント**という言葉を使うこともあります。

イシューには、発行、発行物、発行部数といった意味もあります。こちらはおもに、マスコミ業界で用いられます。たとえば「スペシャルイシュー」というのは、雑誌などの特集号や特別号を指します。

なお、「となりの部屋からイシューがする」と聞いた場合は、同じ読みの「異臭」という漢字に変換し、冷静な行動を取るようにしてください。

オリエン

[超訳] これからはじまることの説明

《用例》
W社から来春発売される新商品のオリエンに出席した。W社の意向で、大手三社によるコンペになりそうだ。

「指標」を意味する英語の**オリエンテーション**の略です。入社してすぐの新入社員に対して、業務内容や就業規則などについて説明することを指します。

広告業界では、広告主が制作会社に対し、商品の説明や広告の要点、予算やスケジュールなどを説明することを指します。このオリエンのあとに**コンペ**があります。

コンペは「競争」「競技」を意味する**コンペティション**の略。このように、複数の会社にアイデアを提出させ、競わせたうえですぐれた案を採用するという方式は、建設業界やデザイン業界などでもよくあるパターンです。

ちなみに、ゴルフコンペのコンペは、「ゴルフの競技会」のことですが、じつは接待の競争になっているというケースもあります。

コミット

［超訳］関わること

《用例》
来年度は外国人の現地採用枠を増やし、人事部門も好調な海外事業に**コミット**していきたいと考えています。

経営者がよく口にする言葉です。「当社はこれから環境事業にコミットします」といえば、環境事業に「責任をもって関わる」という意味です。このように、何かに深く関与する際に使われます。

名詞の**コミットメント**には、約束や義務などの意味があります。日産自動車のカルロス・ゴーン前会長が、経営再建計画を説明する際に何度も使ったことで知られるようになりました。ただし、ゴーン社長はそれより狭義の「必達目標」という意味合いで用いたようです。

似たひびきの**オミット**は、「プロジェクトからオミットされた」のように、「除外」を指します。まったく逆の意味なので、くれぐれもご注意ください。

サマリー

［超訳］要点を簡潔にまとめたもの

《用例》
内山教授の「NPOの将来的な役割と課題」に関する論文の**サマリー**を用意しました。ご一読ください。

重役と一緒に会議や報告会に出ると、「今日のサマリーを午後五時までに作っておいてくれ」などと指示されることがあります。

さて、そのサマリーとは、議事録や論文などの要約のこと。忙しくて書類や論文の全部を読むことができない、あるいはポイントだけかいつまんで知りたい人のために作成されます。

病院では、診療内容を記録した書類を要約したものを指し、患者が検査などで別の診療科に移動する「申し送り」で使われます。

ネットの世界では、検索エンジンで検索した際、ウェブページのリンク下に出てくる、短いサイト紹介文のことをサマリーといいます。

スキーム

［超訳］しくみ／基本計画

《用例》
広告に起用するタレントの人選を考えるより、事業の**スキーム**をきちんと作ることが先決だと思うよ。

「○○スキーム」と聞くと、完成度が高く内容が充実しているように思えます。なんとなくプロ感をかもし出す効果があるのかもしれません。もともとスキームは、「枠組みをもった計画」という意味のギリシア語です。

政治の場では政策の基本計画を指し、「行革スキームを粛々と進める」「民主党が東電賠償スキームを策定」といったように使われます。

ビジネスの場で「課金スキームが完成したよ」と聞いたら、それはお金を徴収する「しくみ」ができたということ。そうしたしくみや計画を図式化したものが「スキーム図」です。これは行政機関や企業が、利用者に政策やサービスの内容を説明する際に活用されています。

スペック

［超訳］性能

《用例》
D社のパソコンの**スペック**は、他社の同じ価格のものとくらべると、とても充実していることがわかるよ。

英語のスペックは製品の「仕様書」のことですが、日本ではもっぱら「できること」、つまり性能を指します。デジモノ系雑誌で「スマートフォンのスペックを比較！」といったような使われ方をします。また、カタログなどでよく用いられる基本スペックは、正規品がもつ最低限の機能を表わしています。

これが転化して、企業が求める人材の条件を、求人スペックということもあります。つまり「英検二級」や「公認会計士」など、資格や点数などで表わすことのできる能力のこと。そういった能力の高い人は「スペックの高い人」と表現されます。

たとえ周囲から「ネジが一本抜けたようなヤツ」と指摘されているような人でも、スペックが高ければ、採用の可能性もあるのです。

セグメント

［超訳］分けられたもの

《用例》
新商品の発売にあたり、まず対象となる客層の**セグメント**ごとに、消費パターンを分析してみましょう。

「分割したものの一部分」という意味。たとえば「若い女性」を分類すると、「未婚の女性」と「既婚の女性」になり、それぞれがセグメントになります。年配者用の携帯電話や一人カラオケなど、世の中には特定のセグメント＝客層向けの商品やサービスがたくさんあります。

とくにマーケティングの世界でよく使われる言葉で、セグメント化すること（何かをセグメントに分けること）を**セグメンテーション**ともいいます。

一方、放送・電波業界に限っては、放送波をいくつかに分割した帯域のことを指します。携帯機器向け放送である**ワンセグ**の「セグ」はセグメントの略で、分割帯域の残りの一つを利用していることを示しています。

ソリューション

［超訳］解決手段

《用例》
当社の使命は、お客さまの視点で課題を見つめ、個別ケースに応じた**ソリューション**を確実に提供することです。

「ソリューション営業」という名刺をもつ営業マンが増えています。もともとソリューションとは、問題の「解決」という意味。要するに「おたくの問題点を見つけ出し、それを解決するようなサービス・商品を売るよ」という営業のことです。

ＩＴ業界では、業務上の問題点を解決するための情報システム（情報通信機器を使った情報の保存や管理のしくみ）を指します。そのため、訪問先の企業の問題が何かわからないのに、一方的な解決策を売り歩くのはたんなる押し売り営業です。

ソリューションは、いたるところに氾濫しています。スゴそうに聞こえますが、解決能力があるのかどうかの見極めが大切です。一歩間違えると、ソリューションのための、新たなソリューションが必要になってしまいます。

ターム

〔超訳〕**期間／学術語**

《用例》
当社では今後、半年という短い**ターム**で営業戦略を練り直し、五年という長い**ターム**で若手社員を育てていく。

「経営は、長いタームで考えなければならない」とよくいわれます。タームは、「期限」や「期間」を表わします。企業が銀行から借りる**タームローン**は、返済期間が一年から十年まで選べる中長期の貸付けです。

また、タームには「学術語」という意味もあります。**テクニカルターム**といえば、ある特定の業界のみで使われる専門用語。たとえば、法律の専門家は「遺言」を「ゆいごん」ではなく「いごん」と読み、建物や製品に備わっているはずの品質や性質が欠けていることを「瑕疵（かし）」という言葉で表現します。

テクニカルタームは、専門性の高さを示すために、同業者の会話のなかから自然発生したとされます。知らない人にとっては、やや鼻につきますね。

タスク

［超訳］**処理しなくてはいけない仕事**

《用例》
新入社員の成長をうながすために、あえて難易度の少し高い**タスク**を与え、つねに挑戦してもらうよう考えています。

「仕事」や「作業」を意味するタスク。自身に課せられた仕事を管理することを「タスク管理」といいます。

この言葉が一般に普及したのは、パソコンのWindowsの画面下にある**タスクバー**と呼ばれる帯によってでしょう。ワードやエクセルなどと、ウイルス対策ソフトなどが、タスクバーに「アイコン」というマークで表示されます。

一方、**タスクフォース**といえば、日本の企業では、企画開発などのプロジェクトチームのことを示します。この場合は、英語の「タスク」ではなく、「特別な仕事をキミたちに託す」の「託す」のほうがふさわしいようです。

デファクト・スタンダード

［超訳］事実上の標準

《用例》
英語が社内公用語という企業がある。国際的ビジネスコミュニケーションでは、英語が**デファクト・スタンダード**だからだ。

デファクト（de facto）はラテン語で、「事実上の」を表わします。これとスタンダード（標準）をつなげたこの言葉は、規定や法律で決められたわけではないものの、市場において広く採用されている事実上の標準という意味です。

周りの人に「パソコンのOSは何か」とたずねると、「Windows」と答える人がほとんどだと思います。Windowsを使うことは、何かの規定で決められたことではありません。しかし、市場においては標準となっているのです。つまり、パソコンOS市場においては、Windowsがデファクト・スタンダードということになります。

最近では、DVDの次世代規格においてブルーレイディスクが、デファクト・スタンダードとなりました。

ナレッジ

［超訳］有益な知識・情報・ノウハウ

《用例》
当社には特別な知識や技術、経験をもった社員がいる。彼らの**ナレッジ**を集約し、会社全体に還元したい。

科学哲学者マイケル・ポランニーの著書『暗黙知の次元――言語から非言語へ』で用いられたカタカナ語です。企業経営のあり方を研究する経営学やコンピュータの可能性を研究する情報工学の分野に広まり、やがてビジネスの現場にも普及しました。もとは「知識」という意味ですが、ビジネスの世界では、「個人（社員）がもつ有益な知見・情報・ノウハウ」といったニュアンスで使われます。

派生語の**ナレッジマネジメント**は、優秀な社員のナレッジを共有・可視化し、組織全体のレベルアップをはかる経営手法のこと。「有能な社員の話を書類にまとめ、みんなに配布する」は、「有能な社員のナレッジを知的資源として一元化し、ナレッジマネジメントを推進する」と、それらしく言い換えることができます。

フィードバック

［超訳］意見や結果をまとめて関係者に伝えること

《用例》
営業部門のセールスの成功例と失敗例をほかの部署に**フィードバック**し、今後の商品開発や広告計画に活用してほしい。

もとはシステム工学や生物学で使われていた言葉でした。たとえば、一定の温度に設定したエアコンは、室温を計測し、それを自動制御回路にフィードバックして、設定温度にできるだけ近づくように運転します。転じて、意見や結果などの情報を関係者に戻し、次に反映させることを指します。さらに、学んだことなどを別の場面で活用するという意味でも使われます。

「販売の好調さを製造部門にフィードバックする」といえば、よい情報を戻すこと。「返品の多さを企画部門にフィードバックする」といえば、悪い情報を戻すことになります。ただし肝心なのは、戻ってきた情報を仕事に役立てることです。

みなさんも、本書で得た知識を仕事にフィードバックしてくださいね。

フィックス

【超訳】**これで決定！**

《用例》
みんなが顔をそろえられるのが、この日のこの時間しかないので、会議の日程は、七日の午前十時で**フィックス**しますね。

「今回はキミの企画案でフィックスした」と、敏腕部長が声をかけてきたら、喜んでください。複数の企画案を比較検討した結果、あなたの企画案が正式に採用されたという意味です。

フィックスは本来、「固定」を意味する言葉ですが、ビジネスの場では、時間や予定、企画案などを最終決定する時に用いられます。

「フィックス航空券」といえば、購入時に往路と復路の日時と便が決められており、変更が利かない航空券のことを指します。ちなみに、カタカナで一文字ちがいの**フレックス**は、固定の反対で「曲がる」という意味です。**フレックスタイム**は、出退勤の時刻が決められておらず、労働時間帯が柔軟になっている制度を意味します。

フェーズ

［超訳］進行中の仕事の「段階」

《用例》
新商品の開発プロジェクトは、企画立案、市場調査を経て、次の**フェーズ**である基本デザインに入ります。

とある作業の段階や行程は「第一フェーズ」「第二フェーズ」と示されることがあります。語源は、満月や三日月などの「月の見え方」を表わすギリシア語。英語では、「段階」や「局面」を表わし、システム開発やプロジェクトの管理に携わる人が、よく使います。

それらの仕事には、多くの人が長期間携わるため、全体の意思統一が必要です。そこで、期間や規模で作業の単位をいくつかに区切り、いつまでにどの状態を達成すればよいのか、といった短期・中期的な目標を定める際に使われるのです。

また、ＷＨＯ（世界保健機関）が定めるインフルエンザの流行の度合いは、「フェーズ１」「フェーズ２」という表記が使われます。

ブリーフィング

【超訳】ちょっとした打ち合わせ

《用例》
明日の午前十時から、プロジェクトチームの**ブリーフィング**を行ないます。担当者は遅れないようにしてください。

時間にきびしい航空業界で、日常的に使われている言葉です。航空会社では、フライト前に、機長や副機長、キャビンアテンダントなどが集まり、当日の天気や乗客に対する注意事項などを各担当者が報告します。これがブリーフィング。短い打ち合わせ、かんたんな報告会のことです。

外資系企業などでは、ごく当たり前に使われています。なかには、集まる目的に応じて、企画提案や意見交換をする長時間の会議（ミーティング）と、報告・確認だけの短時間で終わるブリーフィングをきっちりと使い分けている企業もあります。

なお、ブリーフィングの**ブリーフ**（brief）には、男性用下着の意味があります。ブリーフの場合、短いのは「時間」ではなく「丈」です。

フレームワーク

【超訳】**基本になる枠組み**

《用例》
被災地の復興に関わる、官民協同の**フレームワーク**作りが完成しました。これから計画実行の段階に入ります。

コンサル業界、ＩＴ業界でよく登場するカタカナ語です。「枠組み」や「体制」を意味します。政治の場では、政策の基本計画を指します。同意語に、**スキーム**（二五一ページ参照）があります。ＩＴ業界では、**アプリケーション**（二五七ページ参照）の土台として機能する**ソフトウェア**（二六四ページ参照）のことを指します。

もしあなたの職場にビジネス書好きな上司がいたら、「フレームワークを使って考えてみてよ」などといわれるかもしれません。この場合は、「ビジネス思考の定石（じょうせき）」のこと。たとえば、縦・横二つの軸で作られた座標を使い、情報整理などを行なう**マトリクス**もその一つ。これをもとに仕事を「緊急度」と「重要度」で四つに分類し、「緊急ではないけど重要な仕事」を優先するようにとよくいわれます。

ベンダー

［超訳］販売店

《用例》
社長の朝礼をインターネットの動画で見聞きできるしくみを、都内の著名な**ベンダー**から購入することに決めた。

海外では、ベンダーというと業種を問わず販売店を指しますが、日本ではおもにコンピュータ関連製品の販売会社を指します。

たとえば、コンピュータを使って、企業の情報を適切に保存・管理するためのしくみを作り上げて販売する会社を**ソリューションベンダー**といいます。

また、外国為替（かわせ）や株など、金融取引の情報を配信している企業を情報ベンダーと呼んでいます。

一方、一般消費者向けの小売りは**リテール**、対する大口顧客向けの卸売の取引は**ホールセール**といいます。なお、銀行が行なう小口金融業務も、リテールと呼んでいます。

ベンチマーク

［超訳］優良企業のやり方をマネしてみよう

《用例》
新たな電気自動車の開発にあたっては、先行発売して好評を得ている競合他社のある車種を**ベンチマーク**した。

もともとは測量用語で「測量における水準点」を意味する言葉ですが、最近ではビジネスや投資の世界でよく使わるようになっています。

ビジネスでは、優良企業のすぐれた手法（**ベスト・プラクティス**）を分析・学習し、自社に取り入れる経営手法のことを指し、**ベンチマーキング**ともいいます。

たとえば、とある航空会社がカーレースの車体整備をする会社の手法をベンチマークした例があります。いっけん関係はなさそうですが、カーレース時の迅速な車体整備技術を取り入れた結果、機体の整備効率が上がり、収益も増えたそうです。

投資では、投資信託等の運用成果を評価するための指標・指数のこと。日本株の投資信託では、たいてい日経平均株価やＴＯＰＩＸがベンチマークになります。

マター

［超訳］**担当**

《用例》
パソコン修理の申請を総務課に出したら、「それは今度から庶務課**マター**」だと突き返されて困った。

「問題」や「事件」「物質」などの意味をもつ英語のマター。しかし、日本のビジネスシーンでは、担当者、担当部門、担当会社を示す時に使われます。

「○○プロジェクトは、どこマター？」「あれはたしか第三営業部のマターだよ」といった具合です。

また、「人事マター」「総務の佐藤マター」というように、部門や人名のあとにつけて使うこともよくあります。ただ担当というだけでなく「責任を負う」「決定権をもつ」といったニュアンスも含まれます。

レイヤー

［超訳］**階層**

《用例》
企業戦略は三つの**レイヤー**からなります。一番上が経営戦略、その下が事業戦略、そして一番下が製品戦略です。

書類にしろ、建築物にしろ、何層かの積み重なった「階層構造」になっているとき、それぞれの階層をレイヤーといいます。

たとえば、アメリカの心理学者マズローは、人間の行動の動機を五つの階層で表現しました。この「欲求五段階説」では、①生理的欲求、②安全欲求、③所属欲求、④承認欲求、⑤自己実現欲求、という順で人間は欲求を満たしていくと説明されました。

この場合、○○欲求と記される、それぞれの段階がレイヤーとなります。

レジュメ

［超訳］ まとめメモ

《用例》
昨日の販売会議で発表された企画案の**レジュメ**を明朝九時までに、わたしと販売部長に提出してくれないか？

講演や講義などで事前に配布される、話の要点をかんたんにまとめたものや、会議や論文などで説明された内容を要約したものを指します。もともとはフランス語のレジュメ（résumé）で、「要約する」という動詞レジュメィ（résumer）に由来します。同意語に英語の**サマリー**（一五〇ページ参照）があります。

アメリカでは「履歴書」という意味で使われることが多く、最近は日本の外資系企業でも「英文履歴書」という意味でよく用いられるようになっています。

したがって、外資系企業の人事担当者から、「レジュメを送ってください」という連絡があった場合は、論文の要点ではなく履歴書を送付してください。

なお、レジュメと表記されることもありますが、意味は同じです。

第六章

聞いたことあるけど使えない経済・金融語

アーリーアダプタ

[超訳] 流行に敏感な人たち

《用例》
このサービスは、**アーリーアダプタ**層には受け入れられているが、その下の層には、まだのようだな。

アメリカの社会学者エベレット・M・ロジャーズは、新しい製品やサービスを取り入れるスピードによって、人々を五つの層に分ける考え方を提唱しました。

そのなかで、早いほうから二番目の十三・五％の人々を、アーリーアダプタと呼びます。これは、新しいものをかなり積極的に取り入れる層です。ちなみに早いほうから一番目は**イノベーター**で、この層は全体の二・五％しかいません。

ロジャーズは、アーリーアダプタとその下の層とのあいだには深い溝（＝**キャズム**）があるともいっています。ここを超えられない商品は「マニアウケ」止まりになってしまいます。逆に、ある製品やサービスがキャズムを超えて、社会全体に一気に広まっていくポイント（瞬間）のことを、**ティッピングポイント**といいます。

アウトプレースメント

［超訳］リストラ後に受ける支援

《用例》
来月解雇する予定の百人の社員には、**アウトプレースメント**に行ってもらうことにする。

終身雇用が当たり前だった時代は終わり、今では業績不振によるリストラが毎日どこかの企業で行なわれています。

いきなりリストラされると、そのあとの再就職がままならず、とくに家族をもつ人は困ってしまいます。そんなリストラされた人たちのために、企業が人材会社に費用を支払い、リストラした社員の再就職支援を行なうことをアウトプレースメントといいます。

アウトプレースメントはたんに職探しを手伝うだけではなく、労働者のメンタルケアを行なったり、模擬面接をしてくれたりもします。非正規雇用が増えている日本では、これから需要がますます高まっていくかもしれません。

アセットマネジメント

［超訳］資産運用代行

《用例》
十億円ほど余剰資金があるので、**アセットマネジメント**会社に委託しようと思う。

それなりに資産があって運用に興味はあるけど、自分一人でやるのは不安……。そんな人がお世話になるのがアセットマネジメント会社です。

アセットマネジメントは、株式や不動産といった資産（アセット）を効率よく運用・管理（マネジメント）するという意味ですが、これを個人や企業に代わって行なう業務や業者を指すことのほうが多いです。

いろいろと相談にのってくれますが、「そもそも運用するアセットがないんですが……」という相談にはおそらくのってくれません。気持ちはよくわかりますが。

最近は、おもに地方行政の分野で、「公共施設・建築物（公共資産）の維持管理費用の効率化」といった意味でこの言葉が使われることもあります。

アライアンス

［超訳］**企業どうしの同盟**

《用例》
業界二位のA社と三位のB社が、**アライアンス**を組むらしい。犬猿の仲だったはずなのに、オドロキだな。

ソーシャルネットワーキングサービス（二六三ページ参照）全盛の今、共通の趣味をもつ見ず知らずの人と友だちになるのはよくあることですが、企業も共通の何かをするために、仲間を作ります。企業どうしが同盟をむすび、共同で事業を立ち上げたり、共通のサービスを提供したりする関係、それがアライアンスです。語源のallianceは、同盟を意味し、いわゆる提携や連合を指します。

もちろん人間と同じように、うまくいくこともあれば、ケンカ別れをすることもあります。共同事業に失敗したり、利害関係が対立したりして、アライアンス解消というケースもけっこうあります。うまくいかなかったら何が悪かったのか振り返り、次のアライアンスに生かすようにしたいものです。

イニシャルコスト

［超訳］初期費用

《用例》
独身者救済プロジェクトには、**イニシャルコスト**として五十億円ほどを考えている。

何かを新たに購入・導入した際にかかる費用をイニシャルコストといいます。一方、それらを運営していくのに必要な費用が**ランニングコスト**です。

たとえばプリンターなら、本体購入代がイニシャルコスト、インク・用紙代がランニングコストになります。

レガシーコストは、過去の取り決めによって現在生じている負担、すなわち負の遺産のこと。企業が退職者に対して支払い続ける年金などが、その典型例です。

また、新規事業から撤退した時などに発生するのが**サンクコスト**。すでに支払ってしまって取り戻せない費用のことですが、これにとらわれて撤退のタイミングを誤ると、ＤＢ（ダメ部長）とイニシャルで呼ばれるとか呼ばれないとか……。

イノベーション

［超訳］社会を大きく変える超革新的なもの

《用例》
「不老不死の薬」を発明した！　まさに**イノベーション**を感じる発明だ。しかし、地球の人口はどうなってしまうのだろうか……。

日経新聞やビジネス誌、そして社長の「お話」にやたらと登場する言葉です。よく「技術革新」と訳されますが、経営手法やビジネスモデルなどの革新も含まれます。「十分、千円カット」の理髪店チェーンのビジネスモデルなどは、まさにイノベーションといえるでしょう。

ビジネスに限らず、イノベーションというのは、社会を大きく変えるほど革新的なものやことを指します。インターネットなどはその好例です。ただ実際には、「改良」程度のことでも、宣伝文句としてこの言葉がよく使われています。

似たような**インキュベーション**（もとは「孵化（ふか）」という意味）は、設立して間もないベンチャー企業などに対して、資金援助や技術提供などの支援を行なうことです。

オフショア

［超訳］**海外移転でコスト削減**

《用例》
この製品は、中国で**オフショア**開発されたものらしい。日本で作るよりコストがぐんと安いんだそうだ。

英語でoffshoreと書き、もともとは「沖合」という意味でした。それが転じて、金融用語としては、「税率が極端に安い国や地域」、つまり**タックス・ヘイブン**（一一二ページ参照）と同じような意味の言葉として使われています。

一方、コスト削減などを目的に、企業が業務の一部またはすべてを海外の企業に委託することを**オフショアリング**といいますが、これが略されてオフショアになることもあります。多いのは「オフショア開発」という場合。これは、システム開発の企業が人件費の安い国の企業や子会社に開発・運営を委託することを指します。

最近は、コールセンターのオフショア化も進んでいるので、フリーダイヤルで話しているオペレーターがじつは海外にいる、なんてことも珍しくありません。

カテゴリー・キラー

［超訳］圧倒的な品ぞろえと安さが武器の大型専門店

《用例》近くに**カテゴリー・キラー**が進出してくるらしい。対策を考えないと、ウチのようにあれもこれも売っている店は危ないね。

衣料品や家電など、特定の分野（カテゴリー）の商品に特化して豊富に品をそろえ、しかも低価格で販売するお店のこと。衣料品ならユニクロがこれにあたります。

なぜキラー（殺人者）かというと、そういうお店が近くに出店してくると、既存店は同カテゴリーの売上げが極端に落ち、撤退に追いこまれるケースが多いから。

たとえば、デパートの近くに激安パソコン店ができたら、どうなるでしょう？

当然、激安店のほうが安くていいモノがそろっているので、デパートではパソコンが売れなくなります。パソコンというカテゴリーで、ほかの店を駆逐するのです。

カテゴリー・キラーが近くにできると、消費者としてはうれしい限りですが、同カテゴリーの売り場をもつ既存のお店にとっては戦慄モノです。

ガバナンス

[超訳] **経営陣の暴走を監視するしくみ／組織ぐるみの不正を防ぐしくみ**

《用例》
今回の不祥事で、A社のコーポレート・**ガバナンス**が不十分であることが露呈したね。

企業が不祥事を起こして新聞沙汰になった時、決まって登場する言葉です。たいてい、**コーポレート・ガバナンス**というように頭に「会社」を意味する言葉がつき、「企業統治」と訳されます。ただ、これではなんのことかわかりませんよね。

社員を評価するのは上司ですが、経営陣を評価するのは株主です。ただ、株主が企業内部のことを知るのは困難。そこで、「経営陣がきちんと株主の利益になる経営をしているか」「組織ぐるみの不正を防止できているか」といったことを管理・監視するしくみ、すなわちコーポレート・ガバナンスが必要になるのです。

一方、政治家の統治能力不足を批判する時にも使われます。東日本大震災で対応の遅れた政府には、「ガバナンス能力の欠如」という批判がぶつけられました。

キャピタルゲイン

［超訳］株価が上がった時のもうけ

《用例》
キャピタルゲインを狙う投資は当たれば大きいけれど、その分リスクも高い。僕は確実なインカムゲイン狙いが好きだな。

安く買って高く売る——すべての商売の基本です。それは、株や不動産に投資した場合でも同じ。保有資産の値上がりによって得られるもうけのことをキャピタルゲインといいます（実際には空売りなど、値下がりによってもうかる場合もある）。ただし投資は水モノ。逆に値下がりによって損をしてしまうこともあります。この時に発生するのがキャピタルロスです。

一方、株式投資における配当のように、何かの資産を保有するだけで安定的・継続的に受け取れる収益のことを、**インカムゲイン**といいます。こちらはキャピタルゲインとはちがい、マイナスになることはありません。ただしリスクが少ない分、もうけはそれほど大きくないのもまた事実。うまい話はなかなかないものです。

コモディティ

［超訳］泥沼の価格競争／先物取引される商品

《用例》
うちの主力商品がこのままでは**コモディティ**化してしまう。なんとか早く差別化の方法を考えないと。

突然ですが、洗面器を買う時に、どこのメーカーのものか、気にして買うでしょうか？　ふつうはあまり気にしませんよね。それは、洗面器がどこのメーカーの製品でも同じようなものだからです。このように、どこのメーカーの製品でも品質に差がなくなり、値下げ競争におちいってしまうことをコモディティ化といいます。ちなみに、コモディティとは英語で「日用品」という意味です。

一方、投資用語として使われる時は、商品先物市場で取引されている原油やガソリンなどのエネルギー、金や銀などの貴金属、大豆やトウモロコシなどの穀物といったような「商品」のことを指します。またこうした「商品」に投資することをコモディティ投資ともいいます。

コングロマリット

［超訳］今どきの財閥

《用例》
おとなりの韓国経済は、四つの**コングロマリット**によって支配されているといっても過言ではない。

かつて日本には、財閥と呼ばれる企業集団が存在しました。老舗（しにせ）の三井グループや三菱グループなどは元財閥です。最近では、ネット証券から通信事業まで幅広く手がけるソフトバンクグループがネット財閥に成長したといえます。

このように、多岐にわたる業種に参入している財閥のような企業の集合体を、最近はコングロマリットといいます。

類義語に、近年よく耳にする**ホールディングカンパニー**があります。これは、複数の企業群を一つのグループとして統制したり、グループ全体の最適化をはかったりするために設立する会社です。傘下のグループ企業を支配（統制）する目的で各社の株式を保有するため、「持株会社」と呼ばれることもあります。

コンピテンシー

［超訳］デキる人の行動パターン

《用例》
新任の人事部長が、「来期から**コンピテンシー**評価を導入します」といっていたけど、どういうことかわかる？

最近、人事の世界でよく出てくる言葉で、むずかしくいうと「高い業績を継続的に出している人に特徴的に見られる行動特性」、かんたんにいうと「デキる社員の行動パターン」という意味です。これを評価基準の一つにすることで、いわゆる「デキない人」にデキる人の行動パターンを見習ってほしい、と経営陣や人事は考えているようです。

また、この言葉を個人ではなく組織に対して適用する時は、コンピテンスやコンピタンスという言葉になります。頭にコアをつけた**コア・コンピタンス**は、「他社がマネできない、自社ならではの強みや中核的な能力」のことです。まさにその企業にとっての必殺武器、または必殺技といえるでしょう。

ステークホルダー

［超訳］その企業が倒産すると困る人

《用例》
不渡りが懸念されるあの会社は、**ステークホルダー**のことをもっと考えた経営をすべきだよ。

ある企業に少しでも関わっている人は、その企業が倒産すると困ります。そのような人たちのことを、ステークホルダーといいます。つづりはstake（賭け金）holder（保有人）。競馬で、同じ馬に賭けたギャンブラーたちといったところでしょう。

代表的なステークホルダーは、社員、株主、下請け、取引先です。株主の場合は倒産すると株券はただの紙切れ（二〇〇九年までに株券は電子化されました）になります。企業が大きければ大きいほど、ステークホルダーの数が増え、国がわたしたちの税金を注入してでも助けたりしてしまうのです。

ダンピング

［超訳］不当な安売り

《用例》
日本に進出してきた某国企業に**ダンピング**行為が見られる。これはやめさせなくてはならんでしょう。

スーパーマーケットの閉店間際の安売りは、まさに戦場です。お世話になっている人も多いでしょう。このように安売りは消費者の強い味方ですが、公正な競争をさまたげるほどの安売りはダンピングと呼ばれ、禁止されています。

「なんでいけないんだ！　消費者のためになるからいいじゃないか」と思うかもしれません。でもよく考えてみてください。資本力のある大企業なら、「一時的に採算度外視で大安売りを続けて体力のない中小企業をすべて潰し、そのあとで好きなだけ値段を吊り上げて法外な利益を得る」ことは十分に可能ですよね。こうなると結局、消費者も損をすることになります。そのため、独占禁止法ではダンピングを禁止し、公正取引委員会による是正措置の対象にしているのです。

デリバティブ

［超訳］素人には「？」な新型金融商品

《用例》**デリバティブ**で大変な損失を出してしまった。どうすればいいんだ⁉

企業が発行する株式、国債や社債などの債券、外国為替……。これらは、古くから市場で取引されてきた、伝統的な金融商品です。

このような、もととなる商品から「派生」して生まれた、二次的な金融商品のことをデリバティブ（金融派生商品）と呼びます。

もともとは、もととなる金融商品を売買する時のリスクを軽減するために生まれたものですが、近年ではむしろハイリスク・ハイリターンなものが多く、投資家が大きな利益を狙うために利用することが多くなっています。

代表的なものとしては、「先物取引」「スワップ取引」「オプション取引」などが挙げられますが、ほかにもさまざまなデリバティブが開発されています。

ノンバンク

［超訳］銀行じゃないけど、お金貸します

《用例》
ライバル会社が**ノンバンク**業務に進出するらしいけど、そんな資金どこにあるんだ。成功するか見ものだな。

当たり前の話ですが、自分でお金をもっていないことには人に貸すこと（融資）はできません。だから、銀行は預金（貯金）という形で資金を集め、そのお金で融資を行なっているわけです。ところが、もっぱらお金を貸すばかりで、預金の受け入れをいっさい行なっていない会社もあります。それがノンバンクです。

具体的には消費者金融、信販会社、クレジットカード会社、リース会社などがそうですが、資金調達は銀行の借り入れなどで行なっています。その利息以上に利息を取らないともうけが出ないので、金利は総じて高いです。

一方で、銀行と異なり、貸金業規制法にもとづいて登録をするだけで営業できるため、審査の手続きがかんたん、小口の融資にも対応可能といった特長もあります。

バックオフィス

【超訳】総務や事務のおねえさんたち

《用例》
業績の苦しい営業部門をサポートするため、われわれ**バックオフィス**が今こそ結束するべきだ。

軍隊では、前線に出て戦う兵士と、後方で燃料や食料を運ぶ兵士がいます。企業の場合は、営業部門の社員たちがいわば「前線」で戦う兵士で、経理や人事といった間接部門が「後方支援部隊」です。だから、バックオフィス。わかりやすい説明ですね。

日本では、男性が営業などの外回りをやり、女性がオフィスで事務作業をする企業がまだまだ多いでしょう。なので、バックオフィスは「おねえさんたち」である場合が大半です。営業の人たちは、汗水たらして戦いましょう。そうすれば、勝利（契約）を手にした時、おねえさんたちがやさしく出迎えてくれるはずです……。

もちろん、正確には女性だけを指す言葉ではありませんのでご注意を。

バイラルマーケティング

［超訳］ 口コミ誘発大作戦

《用例》
「来年発売予定のこの製品、宣伝費があんまりないんだよ」
「それなら**バイラルマーケティング**はどうかな？」

これまで、「○○マーケティング」という言葉がどれだけ新たに生まれ、消えていったことでしょう……。それはともかく、**ソーシャルメディア**（二六三ページ参照）の普及にともない注目が高まっているのが、このバイラルマーケティングです。

これは、ネットなどを使い、製品やサービスに関する「口コミ」を意図的に広め、低コストで商品告知や顧客獲得を行なうマーケティング手法のこと。

バイラル（viral）を辞典で調べると、口コミではなく、「感染性の」といった意味なので、おや？ と思う人もいるかもしれません。ただこの場合のバイラルは、感染性のウイルスのように人づてに情報が広がっていく……、という意味。また、似たような手法に**バズ**（buzz＝蜂がぶんぶんと飛ぶ音）**マーケティング**があります。

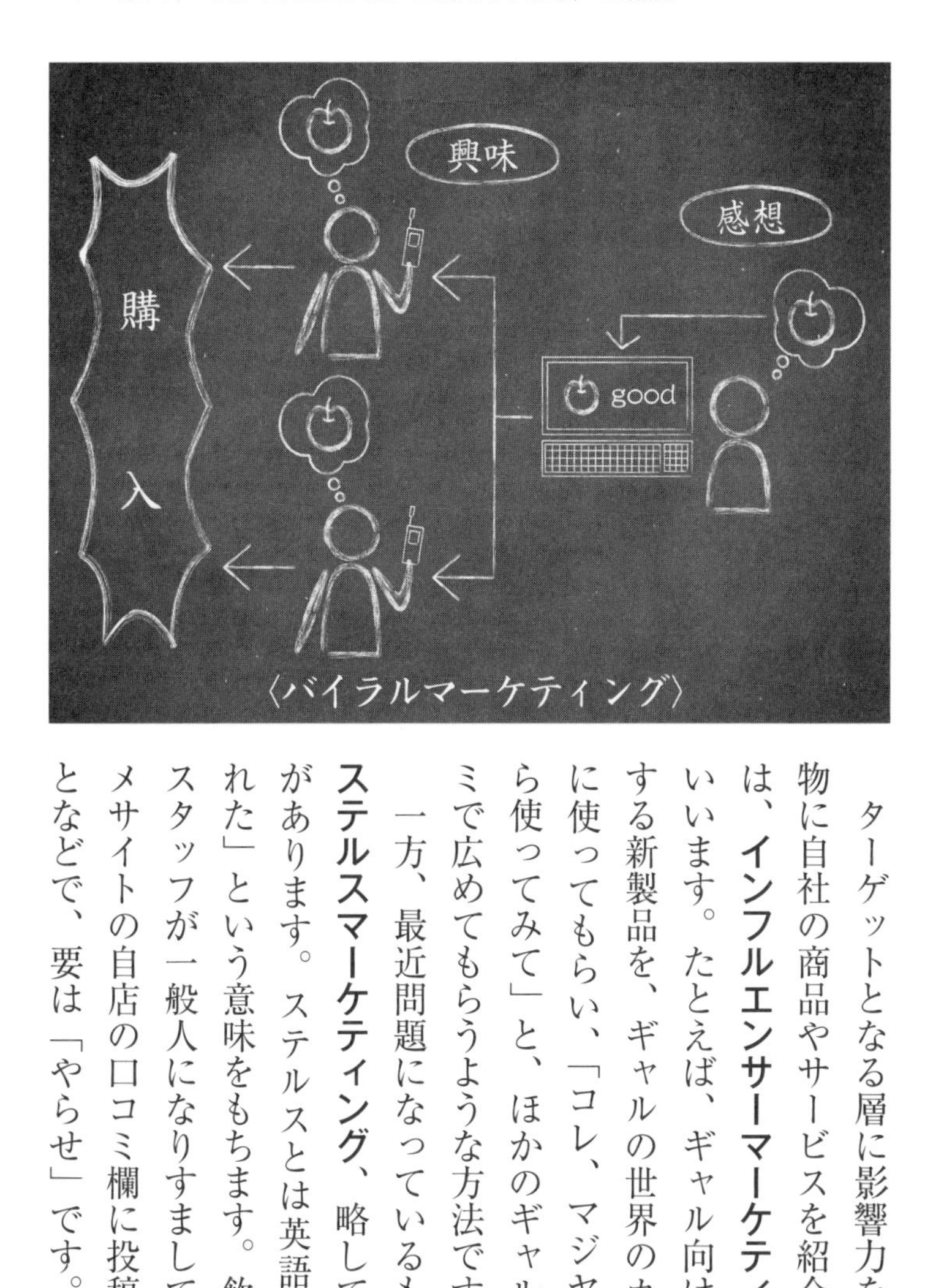

〈バイラルマーケティング〉

ターゲットとなる層に影響力をもつ人物に自社の商品やサービスを紹介するのは、**インフルエンサーマーケティング**といいます。たとえば、ギャル向けに発売する新製品を、ギャルの世界のカリスマに使ってもらい、「コレ、マジヤバイから使ってみて」と、ほかのギャルに口コミで広めてもらうような方法です。

一方、最近問題になっているものに、**ステルスマーケティング**、略して**ステマ**があります。ステルスとは英語で、「隠れた」という意味をもちます。飲食店のスタッフが一般人になりすまして、グルメサイトの自店の口コミ欄に投稿することなどで、要は「やらせ」です。

バランスシート

［超訳］会社の資産と借金がひと目でわかる表

《用例》
こんど訪問するあの会社の**バランスシート**を見ておきたい。用意しておいてくれないか。

会社の経営状態がわかる重要な指標で、日本語では貸借対照表（たいしゃくたいしょうひょう）。略してＢＳとも呼ばれます。たいてい、同じ財務諸表である損益計算書（ＰＬ）や**キャッシュフロー**（現金の流れ＝支出）計算書とセットで出てきます。

ＰＬは、収入とコストがそれぞれいくらあり、プラス＝利益がいくら出たかを表にしたもので、いわば会社の家計簿です。

ただ家計簿では今どれだけ資産や借金があるかはわかりません。そこで、「企業がどのようにお金を調達し、それを何に使っているか」を表にまとめたのがＢＳ。左欄にお金の使い方、右欄にお金の集め方を記し、左右が原則的に一致するため、バランスシートと呼ばれます

ファブレス

［超訳］**工場をもたないメーカー**

《用例》
出版社の大半は自前の印刷工場をもっていない。まさに**ファブレス**だね。

ファブとは英語で fabrication facility と書き、工場の略です。一般的にモノを作るメーカーは自社の「ファブ」をもっています。ところがなかには、自前のファブをまったくもっていないメーカーもあります。こうしたメーカーを、ファブレスといいます。つまり工場をもたないメーカーのことです。

工場や生産設備をもたず、どのように生産するかというと、自社では製品の企画・設計・マーケティングのみを行ない、生産・製造は外部に委託しているのです。

自前の工場や生産設備をもたないことで、「さまざまなコストやリスクを軽減できる」「商品開発やマーケティングなどに専念できる」「市場の変化にすばやく対応できる」といったメリットがあるとされています。

ヘッジファンド

[超訳] なんでもありの投資集団

《用例》
ヘッジファンドの空売り攻勢のせいで相場がめちゃくちゃだ。規制を強化しないと金融危機がまた起こるぞ。

ヘッジ（hedge）というのは、日本語では「回避」とよく訳されますが、もとは「垣根」という意味で、「なかのモノを守る」ということを表わします。

投資の世界では、「**リスクヘッジ**＝損失リスクを減らす方法」という意味で使われ、たとえばインフレが起きた時の資産の目減りリスクを回避することを**インフレヘッジ**といいます。ヘッジファンドのヘッジも、リスクヘッジのことです。

一方、ファンドとは「基金」の意味で、多数の人から資金を募り、それで投資などを行なうことを指しますが、一般的には投資信託の意味合いで用いられます。

まず投資信託は一般から広く小口の資金を集めますが（公募）、ヘッジファンドは特定の投資家からしかお金を集めません（私募）。そのため最低投資金額は一千万円。

必然的に、富裕層、機関投資家が中心となります。また、その多くが**オフショア**（一七六ページ参照）に本拠を置いているのでさまざまな規制を受けずにすみ、情報公開の義務もないため実態は不明です。

相場全体が下降局面の時でも、さまざまな手法を駆使してプラスの運用実績を目指します。一般的にハイリスク・ハイリターンの手法を取るので、運用失敗で破綻するケースも珍しくありません。

当初は、相場下落リスクを空売りなどでヘッジすることを狙いとしたため、こう呼ばれています。

マーチャンダイジング

[超訳] 品ぞろえ計画

《用例》
商品が売れるか売れないかは、製品の機能とともに**マーチャンダイジング**も大きな要因を担っている。

八百屋さんは市場に行って野菜を仕入れてきますが、「今日はキュウリな気分だ。大量に仕入れちゃえ」などと、好き勝手やっているわけでは当然ありません。

それぞれの時期に合わせて、どんな野菜を、どのくらいの価格で、どのくらいの量、さらにどこの売り場で売るかまでよく考えて仕入れをしているはずです。

このように、商品やサービスの最適な価格、数量、時期、売り場などを計画・管理することを、マーチャンダイジングといいます。おもに小売業で使われるので「品ぞろえ計画」といってもいいでしょう。ちなみにこの活動すべての責任を負う人はマーチャンダイザー、略してMDと呼ばれます。いわば仕入れ責任者なので、メーカーの営業マンはこの人たちには間違っても嫌われてはいけません。

マネーサプライ

[超訳] 日本全体のお金の量

《用例》
日本がデフレになっているのは、**マネーサプライ**が足りないためではないか。キミの考えはどうだい？

お金、それはいつの時代も「天下の回りもの」です。この『超訳「カタカナ語」事典』だって、お金を出して買うものです。立ち読みで済ませてはイケマセン。

紙幣は日本銀行が印刷・発行していますが、日本全体のお金の供給量を表わす数字のことを、マネーサプライといいます。

なぜこのような数字（供給量）を集計するのかというと、経済政策を決めるうえで不可欠だからです。

マネーサプライの指標にはいくつか種類があり、必要に応じて使い分けられています。

……この話の続きは、経済にくわしい人に聞きましょう。

ロジスティクス

［超訳］スマートな物流

《用例》
うちは**ロジスティクス**部門が弱い。もっと強化していかなくては、競争に勝ち残れない。

戦場で最前線にいる兵士たちに物資を調達して送ることを、ロジスティクスといいます。そのような支援活動を企業にあてはめて、生産した製品を消費者に届けるまでの一連の物流活動を、ロジスティクスと呼びます。

しかし、単純な物流活動だけではなく、「いかに適切な時間で消費者に商品を届けるか？」という考え方も含まれます。いわば、「スマートな物流」を意味しているわけです。ロジスティクスの一環として、「必要なものを、必要な時に、必要なだけ」を目標にする、**ジャストインタイム**という生産方式があります。

また、きちんとしたロジスティクスかどうかを確認するための追跡システムが、**トレーサビリティ**（一二七ページ参照）です。

第七章

生活シーンで目にする「？」なカタカナ語

アメニティー

［超訳］快適に過ごすための

《用例》
お部屋に置いてありますスリッパも、**アメニティー**グッズですので、おもち帰りいただいてもかまいません。

「アメニティーな家に住みたい」といえば「快適に過ごせる家に住みたい」ということです。英語の amenity という言葉は、「快適さ、心地よさ」などを意味します。じつは人柄のいい人の場合にも「アメニティーな人」といえます。

一般的に使われるのは**アメニティーグッズ**という言葉です。ホテルの客室に備えつけてある石けんや歯ブラシなどの備品を指すのはいうまでもありませんね。お客様に快適に過ごしてもらうためのグッズということです。

アメニティーグッズは使い捨てのものが多いので、もち帰りもＯＫです。ただし、タオルなど必ずしももち帰りＯＫではないものもあります。勝手にもっていってしまうと、ホテルにとってアメニティーなお客さんではないと思われますよ。

インフォームドコンセント

【超訳】**患者さんのＯＫをもらってから治療します**

《用例》
あの患者さんへのワクチン投与は、**インフォームドコンセント**にもとづいているので、問題はない。

医療ドラマを観ていると、よく出てきますね。informed は「情報を与えられた」、consent は「合意」という意味です。つまり病気の治療を行なううえで、きちんと患者さんに説明して合意をもらってから治療を進めることです。

しかし、説明されたのに「そんな説明は聞いていないぞ！」といってあとからクレームをつける、モンスターペイシェンツ（患者）もなかにはいます。いずれにせよ、自分の治療のことなので、心配な人は病院に行く時にメモを持参しましょう。

また、**セカンドオピニオン**という言葉も、最近よく耳にします。自分の病気に対して、主治医以外の医師の意見（オピニオン）を聞くことです。ほかの医師の意見も聞くことで、自分にとってよりよい治療法を決めるのに役立ちます。

インプラント

［超訳］体に埋めこむ器具

《用例》
オレの彼女の胸が**インプラント**だったんだ！　ダマされた……。巨乳だから彼女とつき合ったというのに。

なんらかの理由で歯が失われてしまった時、入れ歯や差し歯をするのではなく、人工の歯を根っこからあごの骨に埋めこむ「インプラント治療」という方法があります。広く普及している治療法なので、「インプラント＝歯の治療」と思っている人も多いでしょう。

しかし、インプラント（implant）はもともと「植えこむ」という意味の言葉で、体の一部を補うために体に埋めこむ人工物はすべてインプラントといえます。したがって、豊胸手術で胸に入れるシリコンもインプラント、高齢になってから人工関節にしたらそれもインプラントです。

オーガニック

［超訳］**混じりっけナシの天然育ち**

《用例》
このトマトは、化学肥料や農薬をいっさい使用しないで育てられた、完全**オーガニック**トマトです。

化粧品や食べ物の名前によくついていますね。「オーガニックコスメ」や「オーガニック野菜」など、化学肥料や農薬をいっさい使わずに育てた、「天然育ち」の野菜や果物を、オーガニック野菜や果物といいます。漢字で書くと「有機栽培」です。国の定めた基準をクリアしないと、オーガニックフードとはいえません。

オーガニックな成分だけで作られた化粧品が、オーガニックコスメです。国が定めた成分を含まない「無添加コスメ」、植物エキスを配合したナチュラルコスメといったものもありますね。

健康への意識が高まるにつれ、オーガニック製品を選ぶ人も増えています。ただし、選ぶのに悩みすぎて健康を害してしまった……ということがないように。

オブザーバー

［超訳］**決定権のない参加者**

《用例》
来週の会議では、C社の人を二人ほど**オブザーバー**として呼ぶことにしたよ。まぁ、いつも通りやってくれたまえ。

会議では参加者が発言して議論し、最終的に議決をとってモノごとを決めます。しかし参加者のなかには、たんに発言だけして、議決権が与えられていない人もいます。その人がオブザーバーです。

発言権を与えられるオブザーバーもいますし、発言すらできない傍聴人の場合もあります。企業では、引退した元役員などから経営方針などの意見を聞きたい時に呼びます。日本語でいったら「相談役」ともいえます。

一方、**オーガナイザー**（オルガナイザー）といったら「主催者」のことです。

また、**ライフオーガナイザー**という職業もあります。これは、人がライフをよりよくオーガナイズ（計画、整理）するための、住まいや生活についての相談役です。

オンデマンド

［超訳］好きな時に、好きなモノをもらえる

《用例》
この動画配信サービスは**オンデマンド**方式でやっていくから、一本あたりの料金は五百〜七百円を考えている。

テレビはテレビ局が一方的に番組を配信するメディアであり、視聴者は配信を止めることはできません。

それに対して、視聴者がリクエストした時に、リクエストした番組を見られるようなしくみを、オンデマンドといいます。テレビ局各社は、自社の過去の作品などを、専用サイトなどでオンデマンド配信しています。

オンデマンドのデマンドは、ズバリ、需要のことです。テレビだけではなく、「利用者の要求に対して、商品やサービスを提供する」こと全般について使えます。「好きな時に好きなモノ」をというと、バイキング形式の料理を連想しますね。じつは、コレって日本人だけが使う言葉で、海外では**ビュッフェ**といいます。

カーボンオフセット

［超訳］温室効果ガスを減らす取り組み

《用例》
日本ももっと、**カーボンオフセット**事業を進めることが必要だと思う。このままでは地球環境はどうなってしまうのか。

地球温暖化問題を解決する概念として生まれたのが、カーボンオフセットです。カーボン（carbon）とは、二酸化炭素を含む温室効果ガスのことで、カーボンオフセットは、温室効果ガスを減らすためのさまざまな取り組み全般を指します。

具体的には、カーボンを出さないような生活を心がけたり、出してしまったカーボンを減らすために植林したり、カーボン排出量を減らす事業に投資するなど。そして、そのような努力をして、カーボンがプラスマイナスゼロになった状態をカーボンニュートラルと呼びます。

他人ごとではないので、わたしたちも環境に配慮した製品を進んで購入する、**グリーンコンシューマー**になるように、心がけましょう。

カタストロフィ

〔超訳〕起こってほしくない大惨事

《用例》
アメリカ同時多発テロは、アメリカのみならず、多くの国や地域にも**カタストロフィ**をもたらした。

大災害や大惨事、破局、地殻変動などのことを英語でカタストロフィ、フランス語でカタストロフといいます。

戦争や紛争はつねに世界のどこかで起こっています。洪水やハリケーン、砂漠化や大気汚染といった自然・人工の災害もあちこちで発生しています。共通しているのは、いずれも「不幸な出来事」ということです。

また、演劇や小説の「悲劇的な結末」のことも指します。

『ドラえもん』で、主人公であるのび太は、いつもジャイアンにいじめられるというカタストロフィに襲われています。しかし、ドラえもんのおかげで、だいたいはカタストロフィな結末にならずに、難を逃れています。

クーリングオフ

[超訳] **無料で返品できる制度**

《用例》
この前、訪問販売で強引に浄水器を買わされたけど、**クーリングオフ**できるのかしら？ へそくりを取り戻したいの。

「起こすためなら人をも殴る目覚まし時計」など、よく考えたら……な商品を、キャッチセールスなどで、無理やりに高額で売りつけられてしまうことがあります。しかしクーリングオフを行なえば、泣き寝入りせずにすみます。

訪問販売など一方的なカタチで販売された商品は、契約成立から一定期間（八日間、最大で二十日間）、無料・無条件で返品ができると法律で決められているのです。訪問販売で売られた商品のほかに、ゴルフ会員権や投資顧問契約などがクーリングオフできます。ただし、三千円未満の商品や、車はできませんのでご注意を。

最近では、頼みもしないのに一方的に商品を送りつけて、代金を要求する、**ネガティブオプション**（送りつけ商法）という手口もあるので気をつけましょう。

ケースワーカー

［超訳］生活が困難になった時のお助けマン

《用例》
収入がないだって？　福祉事務所に行って、**ケースワーカー**に相談してみたらどうだ？

順調な人生を送っていたのに、ある日突然失業。さらに交通事故で障害まで負ってしまって……。いったいこれからどうやって生きていけばいいの？

そういう時、相談にのってくれる人が、ケースワーカーです。ケースワーカーは全国の福祉事務所に勤務し、生活困難な人に対して手助けをします。

よく聞く**ホームヘルパー**とは、実際に介護が必要な人の家に出向いて、介護サービスを行なう訪問介護員のことです。ホームヘルパーとして働くには、養成のための研修を受けて認定されることが必要です。経験をつめば、どんな介護が必要なのか、家族の意向なども聞きつつプランを立て、手配を行なう**ケアマネージャー**も目指せます。高齢化が急速に進んでいる日本では、これらの職種は需要が高そうです。

コンピレーション

［超訳］テーマを決めて集めること

《用例》
このCDは、「聴くだけでグングン背が伸びる」というテーマの曲がたくさん入っている、**コンピレーション**アルバムだ。

辞書でひくと「編集する」の意味が出てきますが、よく使われるのはコンピレーションアルバムなどという時ですね。たとえば、「かけるだけで蚊が寄りつかなくなる」というテーマで作られたアルバムがあれば、それはコンピレーションです。

つまり、「クリスマスソング集」「八〇年代ヒット曲集」など、あるテーマを決めて集められた場合をコンピレーションというのです。そのため、**トリビュート**アルバム（九八ページ参照）もコンピレーションの一つです。

オムニバスもよく使われますが、この場合は独立した短い作品（短編や曲など）を並べて、一つの作品に構成したものとなります。**アンソロジー**（二一六ページ参照）は、オムニバスに近い意味です。

サニタリー

［超訳］清潔にすること

《用例》
うちのオフィスは**サニタリー**面が少々弱い。もっと掃除を徹底させるように、社員に周知しないとな。

日本人の清潔好きは、世界一といわれています。欧米をはじめとする世界の国々では、日本人のように毎日お風呂に入るとは限りません。けれど日本では、一日でもお風呂に入らないと「不潔な人」といわれてしまいます。

英語で「衛生的な」を意味するのが sanitary です。もっぱら建築用語として、トイレ、バス、洗面所といった水回り関係を合わせて、サニタリーと呼ぶ使い方が広まっています。衛生にはとくに気をつかわないといけない部分なので、サニタリーという言葉を使うようになったのでしょう。

サニタリーグッズ（サニタリー用品）といえば、シャンプーボトルやトイレブラシといった水場で使われる日用品や、清潔に保つための収納用品を指します。

ジェネリック

［超訳］成分は変わらないけど安い薬

《用例》
「小川さま、処方薬を**ジェネリック**医薬品に変えますと、お薬代が安くなりますが、そうなさいますか？」

「一般的」を意味し、アメリカでは「ジェネリック○○」とつくと「商標登録されていない○○」と訳されます。つまり「ノンブランド品」ということです。

ジェネリック医薬品というと、最初に開発したメーカーが作った医薬品の特許が切れたあとに、別のメーカーが同じ成分で製造した医薬品のことをいいます。

新薬を開発するのには、十年以上、そしてン百億円もかかりますが、それにくらべて時間も費用もかからないので、おおよそもとの薬の半額で買えるものもあります。成分は同じなので、効能には差がありません（ただし、保存料や着色料といった添加物は各メーカーによってちがいます）。

利用したい場合は、処方される時に薬剤師に聞いてみましょう。

ストックヤード

［超訳］一時保管所

《用例》
これらのゴミは、Z市の**ストックヤード**に一時保管しておく予定だから、よろしく。

ビンやカンなど再利用可能な資源は、再利用する前に一時的に保管が必要になります。そういった一時的に保管しておく場所を、ストックヤードといいます。

二〇一一年の東日本大震災では、原発事故により放射性物質が大量に拡散しました。その除染処理のために、仮置場や中間貯蔵施設となる場所が必要になっています。このような放射性廃棄物の保管場所も、ストックヤードといえるでしょう。

ストレージも、「保管」という意味があります。**クラウド**（二六〇ページ参照）サービスの一つ、オンラインストレージが有名です。これは手もちのデータをネット上のサーバーに保存しておけるサービスで、データをここに移しておけば、パソコンが壊れた時も安心です。

ソナタ

［超訳］器楽曲

《用例》
僕のお気に入りのクラシックは、ベートーベンのピアノ**ソナタ第八番**「悲愴」第二楽章です。

ひと昔前に日本でも大ヒットした韓国ドラマ『冬のソナタ』。でも、「結局ソナタってどういう意味？」と思っている人も多いのではないでしょうか？

ソナタとはイタリア語の sonata が語源で、西洋音楽の器楽曲の形式の一つです。いくつかの楽章から成っているので、速かったり遅かったりテンポなどが大きく変化します。演奏に使われる楽器によって種類があり、ピアノソナタ、バイオリンソナタ、フルートソナタ、クラリネットソナタなどがあります。

ソナタが楽器を使った器楽曲なのに対して、声楽曲のことを**カンタータ**といいます。漫画のタイトルにもなった**カンタービレ**は、同じくカンターレ（歌う）から派生した言葉で、「歌うように」という楽曲の表現方法を指示する説明の言葉です。

〈イマイチちがいのわからない音楽用語〉	
ワルツ	オーストリアの民族舞踊曲がもととなっている三拍子の曲。円舞曲ともいう。
マーチ	軍隊が隊列を作って歩くために作られた伴奏曲。行進曲とも。
シンフォニー	クラシック音楽においてもっとも大規模なオーケストラの楽曲。交響曲といわれる。
コンチェルト	協奏曲という。ソロで演奏する楽器が一つか二つあり、その楽器を目立たせるようなオーケストラで構成されている曲。
エチュード	演奏者が技術向上のために弾く練習用の曲。
レクイエム	「死者のためのミサ」で用いる楽曲。たんに「鎮魂歌」「葬送曲」という意味で使われることも。
ラプソディー	叙事的・民族的な内容を自由な形式で演奏した器楽曲。狂詩曲ともいう。
セレナーデ	娯楽性の強い、多楽章の器楽合奏曲。小夜曲ともいう。
ノクターン	静かな夜を表現したロマンチックな曲。夜想曲ともいう。
アリア	長編の歌曲のなかから、テクニックが必要な部分を抜き出して一つの曲にしたもの。
カノン	同じフレーズを、ほかの楽器やほかのパートがあとから追いかける輪唱・輪奏曲。
ロンド	主題が、いくつかの異なる旋律をはさみながら反復される器楽曲の形式。

ターミナルケア

[超訳] **人生の最期を心地よく過ごすための医療行為**

《用例》
残念ですが、奥さまの病気に対する治療の手だてはもうありません。**ターミナルケア**に切り替えていきましょう。

悲しいことですが、現代の医学では、まだまだ治しようがない病気がたくさんあります。進行したがんもその一つで、末期がんになると、もう助かる見込みはほとんどなくなります。そういった患者さんに対して、延命のための治療ではなく、「どれだけ苦痛をやわらげるか」「人間らしい尊厳ある死を迎えられるか」を目的に行なわれる医療行為がターミナルケアです。

がん患者さんに対しては、がんの初期段階から「苦痛をやわらげて、人としてイキイキ暮らす」ための医療行為である、緩和ケアも行なわれます。

一方、**プライマリーケア**というのは、「不調の初期段階で、もっと気軽に病院で治療を受けられるべきだ」という地域医療の考え方の一つです。

デポジット

［超訳］あとで返ってくる保証金

《用例》
チェックインですね。では、**デポジット**として百ドルお預かりします。よろしいですか？

ホテルを経営していると、「支払いをせずに帰ってしまった」「室内の備品を壊された」なんてことも起こります。そうなると経営者としては大損害です。そのためチェックイン時にお客さんから一定額のお金を預かっておいて、損害を与えられた場合の費用にあてることがあります。このお金が、デポジットです。なお、問題がなければ、デポジットはチェックアウト時に精算され、残額は返金されます。

また、デポジット制度というと、いくらかの「デポジット（預託金）」を含んだ価格で飲み物などを販売し、容器が返却されればその分のお金を返す制度です。使い捨て容器を使うことは、結局のところ資源のムダ遣いになるので、環境にやさしい制度として推奨されています。

バウチャー

［超訳］サービス引き換え券

《用例》
これが予約の**バウチャー**です。ホテルに到着したら、フロントにこれをお見せください。

旅行代理店経由で海外のホテルを予約した場合、予約完了後にもらう紙があります。それがバウチャー（引き換え券）です。その紙を現地のホテルで渡せば、申し込んだサービスを受けることができます。

また、教育バウチャー制度という言葉があります。政府が生徒一人一人に教育費（授業料の全額、もしくは一部）をクーポン券として配布する制度です。

そうすることで保護者や子どもが（国公私立にかかわらず）好きな学校を選択でき、学費の負担格差が解消され、学校も（生徒獲得のため）教育の質を上げるだろうといわれています。そうした一方で、人気の学校に生徒が集中してしまう、選択肢の少ない地方と都心の格差がある、といった懸念もあります。

ハザードマップ

［超訳］**災害リスク予想地図**

《用例》
ハザードマップを見て、この場所の洪水時の危険度を確認しておこう。何があるかわからないからね。

車を一時停止する時、ハザードランプをつけますよね。ハザードとは英語でhazardと書き、「危険」などを意味します。

ハザードマップというと、災害が起こった時のために、政府や地方自治体が災害のリスクを各地域ごとにまとめたリスク予想地図のことをいいます。国土交通省が専用のサイトを公開しており、だれでも閲覧できるようになっています。

自然災害の多い日本では、津波のハザードマップ、火山のハザードマップなどが用意されています。

万が一災害が起こった時、停止してしまったコンピュータを早期に復旧させる**ディザスターリカバリー**も、日本にとっては一つの課題です。

ピクトグラム

［超訳］絵で表わした案内表示

《用例》ここは非常口になるので、きちんと**ピクトグラム**の案内を設置しておこう。

デパートや駅などで、「非常口」を表わす、人が走って出る案内板は、だれでも見たことがあるでしょう。あのような絵を使った案内表示を、ピクトグラムといいます。

じつはあの「非常口」ピクトグラムは、一九八二年に日本で誕生したものです。それが一九八七年には、国際標準として採用されました。これも自動車やゲームと同様に、日本が生んだすぐれた製品の一つです。非常口表示のほかにも、障害者用の設備を表わす車いすの表示や、トイレの男女別を表わす表示も含まれます。

パソコンの画面上にあり、クリックすると各ソフトが起動する**アイコン**も、ピクトグラムと同様の役割をもっています。

フィーチャリング

［超訳］**ゲスト出演**

《**用例**》
この曲、**フィーチャリング**ＭＪさんだって！　聴いてみたいから、このＣＤを買おうかな。

音楽番組を観ていると、「アーティスト名＋フィーチャリング（feat.）○○」と、メインのアーティストの名前のあとに、別のアーティストの名前が入っている時がよくあります。ゲストとして別のアーティストが曲に参加している場合、このように表示します。

フィーチャリングはあくまで「ゲスト」的な立場であり、複数名が同等の立場で参加する**デュエット**とはちがいます。デュエットは厳密にいうと、同じパートではなく異なるパートを歌うことです。

しかし、フィーチャリングという言葉のひびきがよいので、最近ではデュエットでもフィーチャリングという言葉を使うケースが増えています。

モニタリング

［超訳］監視＆観察し続けること

《**用例**》
あの患者について、これまで三カ月間**モニタリング**を続けてきた。その結果が今日このように出たんだ。

監視する画面を**モニター**といいますが、人がモニターのように、ある人やものごとを観察し、結果を記録し続けることをモニタリングといいます。

たとえば、病人の経過を病院がずっと観察し続けることや、あるいは、ある地点の放射線量を記録し続けることもモニタリングです。また、食べ物や化粧品など発売前の新商品を試したり、（映画などの）作品を公開前に観て、感想を述べる人のこともモニターと呼びます。

モニタリングとひびきが似た言葉に、**スクリーニング**があります。スクリーニングは、あるグループ内の対象から、自分の望む条件にあった対象を選ぶことを指します。もともとは「ふるいにかける」という意味です。

スクリーニングは、いろいろな分野で使われます。

たとえば株式投資の世界では、日本の市場に四千ほどある銘柄のなかから、「昨日十％以上値上がりした銘柄」といった条件をつけて選ぶことを、スクリーニングといいます。

インターネットの普及にともない、急速に広まった**フィルタリング**は、ソフトウェアサービスのことです。子どもたちが悪い影響を受けそうな（アダルトサイトなどの）有害サイトを、見られないようにする機能などです。

ユニバーサルデザイン

［超訳］地球上のみんなが使えるようなデザイン

《用例》
このパソコンは**ユニバーサルデザイン**にしたがって、障害者でも動かせるよう音声認識ソフトが標準装備だ。

缶ビールを買うと、飲み口の近くに点字がうってあります。また、公共施設などには、手すりのついているトイレが設置されています。これらはユニバーサルデザインであるといえます。使う人の年齢や性別、国籍（言葉のちがい）や能力（障害の有無）に関係なく、世界中のだれもが同じように使える製品のことです。**ピクトグラム**（二一八ページ参照）があるトイレも、ユニバーサルデザインであるといえます。

バリアフリーは高齢者や障害をもつ人のため、物理的な障害を取りのぞくこと（またはその考え方）を指します。段差のないバスなどがその例です。

一方、ユニバーサルデザインは高齢者や障害者を含めた、すべての人が対象となっていますので、バリアフリーのほうが示す範囲が狭いといえます。

リターナブル

［超訳］使い回せること

《用例》
このビールのビンは**リターナブル**ボトルですので、飲み終わってから返していただければ、十円返金しますよ。

中身を飲んだあとの空きビンなどを返却すると、預託金分のお金がいくらか戻ってくることを**デポジット**（二一五ページ参照）制度といいますが、使い回しができることをリターナブルといいます。よくある「リターナブルビン」は、「（洗浄すれば）また使えるビン」のこと。そして、リターナブルなものを使うことが**リユース**です。

ちなみにリサイクルとは、回収したあとにそれらを加工して（別の形として）再利用することで、リユースとはちがう意味です。使用済みのペットボトルを使って、スーツなどを作る場合はリサイクルです。

なお、人間はリターナブルではありません。結婚してからダンナが気に入らなくても、「この人リターナブルだったわよね？」といって実家に返してはいけません。

ワークアウト

［超訳］全身運動

《用例》
これが、試合前一カ月間の**ワークアウト**プログラムだ。よく目を通しておくように。

workは「仕事」、outは「外」なので、直訳すると「業務外」ですが、workoutとつながると「練習」や「運動」のことをいいます。ダイエットや健康目的の運動（エクササイズやフィットネス）も、全般的にワークアウトといわれています。

厳密にいえば、体の一部分の機能を向上させる「トレーニング」よりも、全身を動かして体を整えるといった意味が強めです。

ビジネスの場では、アメリカの大手企業、ＧＥ（ゼネラル・エレクトリック社）が会社をよりよくするために導入した組織改革の方法を説明する時に、よく使われます。ＧＥは、各部署から数名が集まって会社の改善点を話し合い、実行に移していくという手順を制度化しました。

第八章

女性には常識の食・美容・ファッション語

アーユルヴェーダ

[超訳] インドやスリランカの伝統的な健康法

《用例》
最近、**アーユルヴェーダ**のサロンに通いはじめたの。そしたら、カラダが軽くなった気がするわ。

サンスクリット語で「生命の知識」という意味。インドやスリランカの伝統療法で、マッサージや呼吸法、食事法などによって自然治癒力を高め、心身の調和を図ることを目的とします。

本格的にやるなら、ライフスタイル丸ごとの改善をしなければならず、とっても大がかり。なので、アビヤンガというオイルマッサージや、額にオイルをたらし続けるシローダラーだけを受ける人も大勢います。

オージャス（活力エネルギー）、ドーシャ（生命エネルギー）など、専門用語がたくさん使われます。インド式の頭皮マッサージであるチャンピサージも、頭皮に悩みをもつ人を中心に注目されています。

アペタイザー

［超訳］スープの前の腹ごしらえ

《用例》
メインディッシュはよかったけど、もうちょっと充実していれば、**アペタイザー**がもうちょっと満足できたと思うな。

食前酒＝**アペリティフ**、前菜＝**オードブル**など、コース料理を頼んだ時にスープの前に出てくるこれらをまとめて、アペタイザーといいます。

ときどき、オードブルの前に小さな前菜が出されることもあります。これはアミューズ・ブッシュといいます。日本語でいうと「お通し」です。また、魚料理と肉料理のあいだに、口直し用に出される氷菓子は、**グラニテ**といいます。

ちなみに、イタリア料理では前菜のことを**アンティパスト**、食前酒のことは**アペリティーヴォ**、デザートは**ドルチェ**といいます。

オーデコロン

［超訳］**濃度が低めの香水**

《用例》
この**オーデコロン**の香り、すごくいいいね。どこのデパートで売ってるのか、教えてくれない？

フランス語で「オー」は水、「コロン」はドイツの都市ケルン。直訳すると「ケルンの水」ですが、実際にはケルンで生まれた香水の一種のことを指します。

香水と一口にいっても、じつは香料の濃度によっていくつかの種類があり、薄い順にオーデコロン、**オードトワレ**、**オードパルファム**、パルファムまたはエクストレといいます。パルファムのなかにはオーデコロンの十倍の濃さのものも。濃度が高いほど香料の持続時間は長く、香りも濃くなるので、つけすぎにご注意を。

また、**フレグランス**は香料を使った商品の総称です。

シトラスといったらレモンやライムなどの柑橘系、**フローラル**といったらバラやスズランなどの花の香りと、香りの種類まで覚えておけばカンペキです。

オートクチュール

［超訳］**高級なオーダーメイド**

《**用例**》
わたし、**オートクチュール**に初挑戦しようと思ってるの。よかったら一緒にお店に行って、アドバイスしてくれない？

「シャネル」「クリスチャン・ディオール」「ジバンシー」……などの高級ブランドに、女性ならだれでもあこがれますね。

こういった高級な店で仕立てた、オーダーメイドの服をオートクチュールと呼びます。「高級な仕立て、縫製（ほうせい）」を意味するフランス語です。

ファッション業界においては、パリの高級衣装店組合（通称サンディカ）に所属しているお店を指します。いくら高級でも、サンディカに入っていなければ、オートクチュールとは呼べません。**パリ・コレクション**（パリコレ）も、サンディカが主催しています。お金もちにならない限り、一般人のわたしたちは、この先も**プレタポルテ**（既製服）を着て過ごすことになります。

オーラソーマ

［超訳］色を使ったセラピーの一種

《用例》
この前、**オーラソーマ**を受けてみたの。そしたら、今のわたしの心理状態がわかって、気持ちがスッキリしたわ。

「青は気持ちをリラックスさせる」「赤は食欲を増進させる」など、色には不思議な力があります。その「色」を使って心と体をいやす、**カラーセラピー**の一つがオーラソーマです。世界では、じつに二十種以上のカラーセラピーがあります。

オーラソーマでは、選んだカラーボトルをもとにその人の深層心理をくみ取り、アドバイスをしたりします。「なんだかモヤモヤする」「自分の悩みが、なんなのかわからない」なんて時に、利用してみてはいかがでしょう。

なお、その人に似合う色を診断するのは**パーソナルカラー**診断、色彩のいやしを生活に取り入れるのは**カラーヒーリング**。はたまた不動産業界で未完成の建物の内装の色やデザインを自由に決められるシステムは、**カラーセレクト**と呼ばれます。

ガトーショコラ

【超訳】チョコレートケーキ

《用例》いろんなケーキがあるけど、わたしは**ガトーショコラ**がいちばん好き。

ガトーは、小麦粉を焼き上げた菓子を指すフランス語。英語のケーキ、ドイツ語の**クーヘン**と同じものです。ショコラは、チョコレート。パリでチョコレートケーキを注文する時は「ガトーショコラ、シルヴプレ」といいましょう。

しかし、世界中にはブラウニー、フォンダンショコラなど、さまざまな種類のチョコレートケーキがあります。すべてを説明するスペースがないので、わからない時はお店の人に聞きましょう。

ほかにも、**ミルクレープ**（クレープを重ねたケーキ）、**タルトタタン**（砂糖で煮たリンゴのケーキ）、**クレームブリュレ**（表面が固くてパリパリのプリン）など、オシャレなスイーツを最近は、よく見かけますね。

ギモーブ

［超訳］**こじゃれたマシュマロ**

《**用例**》
このお店、**ギモーブ**がすっごくおいしいの。ホワイトデーに、中村君からもらったんだ。

マシュマロをギモーブといったほうが、現代ふうでオシャレに聞こえるので、マスコミや洋菓子メーカーが使いはじめました。

お店によっては、「チョコやフルーツなどを入れた進化系マシュマロを、ギモーブとする」などと区別しているところもありますが、とくに決まりはありません。しいていえば、ギモーブはサイコロのように四角い形が多いようです。手みやげに「ギモーブ」を選べば、女心をグッとつかめるでしょう。

そのほか、最近よく使われるフランス語のオシャレスイーツ用語には、**コンフィチュール**（ジャム）、**ソルベ**（シャーベット）、**ビスキュイ**（ビスケット）、**フリュイ**（果物）などがあります。

グルマン

［超訳］**食いしん坊バンザイ!!**

《用例》
中田君は、**グルマン**なのに、ぜんぜん太らないよね。うらやましいなぁ。何か秘密があるのかしら。

食べるのが好き、あるいは食いしん坊な人を、フランス語でグルマンといいます。美食家、食道楽というニュアンスが含まれる場合もあります。

グルマンな人は、油断するとメタボリックシンドローム（**メタボ**）になりかねません。ウエストが男性は八十五センチ、女性は九十センチ以上で、かつ高血糖、高血圧、脂質代謝異常（コレステロール値の異常）のうちいずれか二つ以上にあてはまったらメタボ確定です。

疑いがある人は食生活を見直し、運動をするようにしましょう。

ひびきが似ている**グルテン**は、小麦粉のタンパク質の一種で、麩（ふ）に多く含まれます。もちろん、グルマンとはなんの関係もありません。

シャギー

［超訳］髪の毛先の長さをバラバラにすること

《用例》
全体に**シャギー**を入れて、軽くラフな感じのヘアにしたんだけど、どう？　似合う？

髪のボリュームが多くて悩んでいる人は、シャギーを入れて髪を軽くしましょう。髪をそぐようにカットするので、毛先がそろわず、毛先にいくほど髪の量が少なくなり、ヘアスタイルに動きをつけやすくなります。

似ているようでちがうのが、**レイヤーカット**。レイヤー（層）のように、トップを短くカットし、毛先のほうは長いままにして、段差をつける方法。トップにボリュームが出ますが、シャギーのように髪全体のボリュームを落とせます。

女子に人気のヘアスタイルの**ボブ**は、平たくいえばおかっぱ頭のこと。

自分の髪に満足いかない時は、**ウィッグ**（かつら）をつけたり、**エクステ**（つけ毛）をして、長さを出したりするのも一つの手です。

スタッズ

［超訳］**服についてる金属のトゲトゲ**

《用例》
スタッズがいっぱいついた、あの服かわいいな♪　どの季節でも着れそうだし、買おうかな。

テレビで見かけるパンクロッカーはよく、円すい形やピラミッド型のトゲトゲの金属がついた服を着ていますね。そのトゲトゲがスタッズです。トゲトゲしていなくても、服に金属がついていたら、だいたいスタッズといわれます。

服や靴には、毛皮のようにフワフワの毛である**ファー**や、ドーナッツのような形で、ウロコのようにキラキラする**スパンコール**、高級カーテンによく見られる房(ふさ)状(じょう)のかざり、タッセルなどがついていたりもします。

女性はデートに行く時、めいっぱいオシャレをします。デートに来た女性の靴にスタッズがたくさんついていても「その靴、ウニみたいだね！」などと、けっしていってはいけませんよ。その日のデートが大変なことになります。

スプマンテ

［超訳］イタリアのスパークリングワイン

《用例》
今日は友だちが来るんだけど、シャンパンはチョットお高いから、**スプマンテ**を買おうかな。

イタリアの**スパークリングワイン**（発泡ワイン）の総称。日本ではなんでもかんでも**シャンパン**といいますが、これはフランスのシャンパーニュ地方で、独自の製法で作られた発泡ワインだけを指します。

シャンパンと同じ方式で作られるものには、**クレマン**（フランス）や**カヴァ**（スペイン）があります。フランスでは、そのほかの発泡ワインを**ヴァン・ムスー**といいます。**ブリュット**（brut）は辛口、**ドゥミ・セック**（demi Sec）はやや甘口です。

なお、イタリア語で赤ワインは**ロッソ**、白ワインは**ビアンコ**。フランス語では同様に、ヴァン・ルージュ（赤ワイン）、ヴァン・ブラン（白ワイン）といいます。

とはいえ、日本で使い分けている人がいたら、ちょっと……。ですけどね。

タラソテラピー

[超訳] 海の恵みでキレイになる

《用例》
今度の夏休み、バリ島のエステで、**タラソテラピー**を体験してくるんだ♪　今から楽しみっ！

海藻や海泥（かいでい）を使ったマッサージをしたり、海水にひたったりして、ミネラルをたっぷり吸収する美容療法。フランス語のテラピーはセラピーと同じ意味です。

タラソテラピーは、リラックス効果やストレス解消、新陳代謝の活性化といった効果があるといわれています。日本では、もっぱら女性向けに展開されていますが、フランスでは当たり前のように男性にも行なわれているとか。

ほかにも現在では「○○セラピー」とつく療法がたくさんあります。代表的なものが**アロマセラピー**で、植物オイルを利用して、香りや成分でいやしを得る療法です。ストレス軽減や、いやしを目的に動物とふれあうのは**アニマルセラピー**、絵やモノを創作することで本来の自分の感情を表わす心理療法は**アートセラピー**です。

テリーヌ

[超訳] 四角く固められた料理

《用例》
このホタテと海老の**テリーヌ**、すっごくおいしい。どうやって作ってるんだろう。

すり身の魚介やひき肉と、きざんだ野菜が断層のように固められた四角い料理を、結婚式の前菜などで食べたことはありませんか？　それがテリーヌです。本来は型の名前を指しますが、今はその四角い型を使えば、なんでもテリーヌと呼ばれます。

肉や魚をペースト状にしてオーブンで焼いた**パテ**と区別のつかないテリーヌもあります。四角く固められた料理が前菜でできたら、とりあえず「テリーヌ」と思いましょう。では、ここからオシャレなフランスの料理を一気に紹介！

ヴィシソワーズは、冷たくてなめらかなジャガイモの冷製ポタージュ。**ラタトゥイユ**は、夏野菜をトマト煮した、南仏プロヴァンス地方の料理です。

ビスクはエビやカニなどのすりつぶした殻を入れたポタージュ。**ジビエ**は、野ウ

〈代表的なパスタの名称〉	
フェットチーネ（タリアテッレ）	きしめんの状の平たいパスタ。イタリアの南部ではフェットチーネと呼ばれ、北部ではタリアテッレと呼ばれる。
リガトーニ	日本人のいうマカロニよりも太めのショートパスタ。表面には、縦にすじが入っている。
ファルファッレ	その名も「蝶」ということもあり、蝶々のような形をしたパスタ。小さくてスプーンでもすくえるので、スープに入っていることもある。
リングイネ	スパゲッティのようなロングパスタだが、断面が楕円形になっているのが特徴。
フジッリ	ファルファッレや、リガトーニのように短いショートパスタ。螺旋状にねじれているので、ソースがからみやすい。

サギ、猪など狩猟によって得る野生の肉のこと。**クロケット**は、フランス語でコロッケのことを指します。

フォン・ド・ボーの「フォン」はだし汁のことで、おもにソースのもとにします。「ボー」は子牛なのでフォン・ド・ボーは子牛のフォン（だし汁）という意味です。

ついでにイタリア料理では、**バーニャカウダ**が有名。これは、ニンニクと**アンチョビ**（イワシの塩漬け）で作ったソースを野菜につけて食べる料理です。

デトックス

［超訳］体内の毒出し

《用例》
やっぱ、岩盤浴って気持ちいい！　どんどん汗をかいて、**デトックス**してる！　って感じがいいよね。

さまざまな健康法や美容法を行なううえで、基本中の基本ともいえる考え方が「デトックス」。体内にたまった不要な老廃物や、有害な重金属、過剰なミネラルなどを体の外に排出して、健康や美を取り戻そうというわけです。

なお、デトックス自体は、考え方や毒が排出されることを指すので、エステに行って「デトックスしてください」といっても、「どの方法がいいですか？」と聞かれてしまいます。注意しましょう。エステなどの施設で行なうデトックスでは、温めた天然岩石に横になって大量の汗をかき、老廃物を排出する「岩盤浴（ストーンスパ）」が人気です。エステ以外でも、ハーブやサプリメント、入浴剤などでデトックス効果をうたった商品はたくさんあります。

バゲット

［超訳］細くて長めのフランスパン

《用例》
あ、**バゲット**買い忘れちゃった。今日は、彼とワインを楽しむから、これがないと決まらないんだよね。

わたしたちが、スーパーなどで買うフランスパンはフランス生まれの、塩気のある固くて細長のパンの総称。具体的に、そのようなパンは存在しません。

バゲットはフランスパンの一種で、**バタール**や**パリジャン**といった「日本人のイメージするフランスパン」よりも細くて長いのが特徴です。

鏡餅のような形をしたフワフワの**ブリオッシュ**もフランス生まれのパンですが、バターと卵をたっぷり使っているので、フランスパンには含まれません。

このように、世界にはさまざまなパンがあります。**フォカッチャ**は、イタリア生まれの丸くて平たいパン。肉や野菜などを包んで食べる**タコス**に使われる**トルティーヤ**はメキシコの薄焼きパン。インドカレーの定番**ナン**も、パンの一種です。

パティスリー

［超訳］パティシエが働くケーキ屋さん

《用例》
ロールケーキがおいしいと、いつもお客さんが途切れない、有名**パティスリー**はこちらです。

パティシエは、男性の菓子職人のこと。女性ならパティシエール。パティシエとパティシエールが働いているお菓子屋さんがパティスリーです。「パティシエ、パティシエール、パティスリー」と、三段活用のように覚えておくと便利です。

チョコレート専門の職人のことは、**ショコラティエ**、女性はショコラティエールといいます。女性は手の温度が男性よりも高いので、チョコ作りにはショコラティエのほうが向いているそうです。アイスクリーム職人は**グラシエ**、パン職人は**ブーランジエ**といわれます。

ということは、ブランジェリーナは……？　ハリウッドスターのブラッド・ピットと、アンジェリーナ・ジョリー（離婚調停中）を合わせた呼び方でした……。

バリスタ

［超訳］おいしいコーヒーをいれる人

《用例》
このカフェの**バリスタ**はイケメン。しかも、めっちゃおいしいエスプレッソをいれてくれるの。

バールと呼ばれるイタリア式カフェで、コーヒーをいれる職業をバリスタといいます。バーテンダーとちがい、アルコール類は扱いません。

ところで、オレとラテ、カプチーノ、マキアートのちがいはわかりますか？

コーヒーは、ドリップ式（一般家庭的なコーヒー）と、**エスプレッソ**（専用の機械でいれるコーヒー）があります。**カフェオレ**は、「ドリップコーヒー＋蒸気で温めたミルク（**スチームミルク**）」をそそいだもの。

カフェラテは「エスプレッソ＋スチームミルク」。スチームミルクではなく、泡立てた温かい牛乳（フォームミルク）を加えたものが**カプチーノ**です。**マキアート**はカプチーノより、フォームミルクが少ないものを指します。

ピーリング

［超訳］肌のいらないモノを取りのぞく美容法

《**用例**》
見て見て！　昨日、エステで**ピーリング**してきたの。肌がツルツルになって感動しちゃった！

ピーリングは英語で、直訳すると「皮をむく」という意味。怖い気もしますが、れっきとした美肌のための手法です。顔などの角質（古くなった皮膚のカス）を取りのぞき、美白や、肌の**アンチエイジング**（若返り・老化防止）に役立てるのです。

その方法はさまざまです。**ケミカルピーリング**は、薬品を使って古い角質を溶かします。レーザーピーリングはレーザー光線をあてます。酸化アルミニウムの粉末を吹きつけるクリスタルピーリング、ダイヤモンドのチップを使ったダイヤモンドピーリング、超音波でミスト化した水を使うウォーターピーリングなどもあります。

そう、女性は若さを手にするためには、なんでもやってしまう生き物なのです。

ビストロ

［超訳］高くないフレンチレストラン

《用例》
このあたりに、安いけどおいしい**ビストロ**はない？　今度、彼とのデートに使いたいんだ♪

「あまり高くないお店」というニュアンスを含めて使われるフランス語。でも日本では、ビストロと名乗っていても、びっくりするくらい高くつくお店もあるので、事前にお料理の値段を調べてから行きましょう。フランスでは、大衆向けレストランや居酒屋を**ブラッスリー**、高級レストランを**グランメゾン**といいます。たまに店名などで見かける**キュイジーヌ**は、「料理」という意味です。

また、イタリアでは、家庭的なレストランを**オステリア**、ビストロと同等のレストランを**トラットリア**、高級レストランを**リストランテ**といいます。ちなみに、イタリアでの居酒屋は、**タヴェルナ**です。

たんに、お惣菜だけを売るお店は**デリカテッセン**といいます。

ピラティス

［超訳］ゆるっと動く体操

《用例》
「**ピラティス**をはじめたの」
「前はヨガをやってたよね？」
「だって、こっちのほうがオシャレな気がするもん」

もともとは、負傷した兵士のリハビリのためにドイツで考案されたエクササイズ。ストレッチや、腹筋＆背筋の運動で体のコア（体幹部）を活性化させる運動法で、ダイエットや姿勢の改善、ストレス解消をしたい女性に人気です。

よく混同されるのが、ヨガ。大きなちがいは、ヨガはポーズをとって静止しますが、ピラティスは、つねにゆっくりと動いて体をきたえます。

また、ヨガの場合は瞑想（めいそう）をするなど**スピリチュアル**（精神的、霊的）な要素も含んでいます。知らずにヨガレッスンを受けると、横に寝かされ「アナタのなかの宇宙を想像してください……」などといわれて、ちょっとビックリします。

似ているようでも、やってみるとまったく異なるのが、ヨガとピラティスです。

マクロビオティック

［超訳］肉、白米、農薬を使った野菜は食べません！

《用例》
最近、玄米や雑穀米のお弁当が増えたよね。やっぱり、**マクロビオティック**が流行っているからなぁ。

通称「マクロビ」。白米ではなく玄米を食べ、肉やチーズなどの動物性加工品、農薬を使った野菜を食べない自然食健康法のことをいいます。

カタカナ語なので海外で考案された健康法かと思いきや、日本人の桜沢如一（ゆきかず）氏が確立した食事療法なのです。

そもそも、玄米や季節の食材を食べるといった日本人の伝統的な食文化をベースにしています。最近は、マクロビを意識したメニューやカフェ、お惣菜などが人気です。しかし実際のところ、お店によっては乳製品を使用して作っているところもあるので、厳密なルールで行ないたい人は、自分で手作りするのがよいでしょう。

食べ物の選択以外に「三十回以上は噛（か）んで食べる」という教えも含まれます。

リフレクソロジー

［超訳］足つぼマッサージ

《用例》 今日はたくさん歩いたから、帰りに駅前の**リフレクソロジー**に寄っていこうよ！　足がラクになるよ。

バラエティ番組などで、芸能人が「痛い、痛い！」と泣き叫びながら、足裏のつぼを刺激されているシーンを見たことありますよね。リフレクソロジーとは、足つぼマッサージの高級感のある言い方です。

痛いイメージがあるのは、中国・台湾などの東洋式リフレクソロジー。それに対し、ソフトな刺激でもみほぐし、リラックスさせるのが英国式です。足裏に集中するつぼを刺激して、血液やリンパの流れをスムーズにし、自然治癒力を高めます。

カイロプラクティックも、自然治癒力を取り戻すために行なわれます。背骨などのゆがみを正常に戻すことで、各機能の異常を整える施術を行ないます。

ハワイ発の全身モミモミマッサージの**ロミロミ**も、人気があります。

リンパドレナージュ

［超訳］リンパマッサージのむずかしい言い方

《用例》
エステで、フェイシャルの**リンパドレナージュ**をしてきたの。わたし、ちょっと小顔になったと思わない？

友人が「最近、リンパドレナージュにハマっててさ～」といっても、「えー、女子力高いね！」などと、テキトーに返事をしていませんか？　うろたえることはありません。たんなる「リンパマッサージ」のことです。フランス語で「リンパ排出法」を指します。フランス語って、どうしてこんなに高級に聞こえるんでしょうか。

肌を軽くたたく**タッピング**や、やさしくさするエフルラージュによってリンパの流れをよくします。すると、**デトックス**（二四〇ページ参照）作用を促進させて、むくみを解消し、ダイエットにもつながります。

マッサージ部位の説明では、**デコルテ**もよく聞きますね。デコルテは、首から胸もとあたりのこと。よく目につく部位なので、入念なお手入れが必要です。

レギンス

［超訳］**スパッツのオシャレな言い方**

《用例》
「このハートのプリントが入った**レギンス**、かわいい！」
「わたしは、こっちのレースつきがいいな♪」

スカートやショートパンツの下にはく**スパッツ**が、いつからか「レギンス」と呼ばれるようになりました。ちがいはどこにあるのでしょうか？　もともとレギンスは防寒着、スパッツはバレエの練習着のことでした。ファッション業界で、レギンスは、ひざ下から足首までの長さで、レースや模様入りなどオシャレを目的としたもの。スパッツは、スポーツ用やひざ上の丈のものとしているようです。

ただし、お店によってはこれに限らないので、オシャレ用がレギンスと考えたほうがよさそう。形が似ている**トレンカ**は、かかととつま先に穴があいているタイツのような形で、土踏まずに引っかけてはくと、美脚効果があります。

足もとファッションを見てみると、**ニーハイ**は、ひざ上まである長いハイソック

ス。**サイハイ**はさらに長く、太ももあたりまであるソックスです。**ミュール**は、かかとのひもがない、ヒールつきサンダルのことです。ちなみに、ニーハイやサイハイとスカートのあいだの露出部分は絶対領域といわれることも。

ついでに、女性ファッション用語を少し紹介。**チュニック**は、七分丈の上衣のこと。**プルオーバー**は、前後にボタンなどの開きがない、かぶり式の服の形。**カットソー**は、Tシャツなど、糸を編んだニット生地を裁断・縫製して作った服の総称です。

ローライズ

［超訳］股上が浅いパンツ

《用例》
ローライズのパンツは、オシャレだけど、冬にはくとおなかが冷えるから、しばらく普通のデニムにしようかな。

油断すると下着が見えそうな、ヒップにひっかけるようにしてはくパンツです。ジーンズ用語でいえば、スキニーも忘れてはいけません。体にぴったりフィットしてラインが浮かび上がるパンツ。カーゴ・パンツは、脚の両ワキに大型のポケットがついているパンツ。**ベルボトム**は、昔**パンタロン**と呼ばれていた、ひざからスソの部分がベルのように広がっているパンツのことです。

と、ここまでいっといてナンですが、そもそもここでのパンツはズボンのこと。下着のパンツではありません。

第九章

出てくるとお手上げのＩＴ用語

アドオン

［超訳］新機能追加用ソフト

《用例》
海外のサイトをよく見るから、翻訳機能のある**アドオン**をインストールしたよ。これは、とても便利だ。

インターネットを見ていると、「アドオンを無効にしてください」というメッセージがポンと出てきて、「?」となることがあります。

お目当てのサイトを閲覧するには、**ブラウザ**（二七五ページ参照）が必要。そのブラウザなどのソフトに、新たな機能を追加することや、そのためのソフトやプログラムのことをアドオンといいます。

たとえば、人気ブラウザのFirefoxには、アドオンが豊富にあり、クリックすると特定の効果音を鳴らすアドオン、検索用ツールバーを追加するアドオン、ブラウザのデザインを自分の好みのものに変えるアドオン、などいろいろあります。

また、**プラグイン**という言葉も、アドオンとほぼ同じ意味で使われます。

アドミニストレータ

［超訳］ネットワークの管理人

《用例》
彼は**アドミニストレータ**の資格を持っているらしいよ。ネットで問題が起きたら彼に相談したらいい。

インターネットや社内ネットワークなど、コンピュータは、さまざまなネットワークで当たり前のようにつながっています。そして、このようなネットワークには、管理する人が必ずいます。それが、アドミニストレータです。語源は英語のadministration。この単語には、もともと「管理」という意味があります。

会社のパソコンにトラブルが起こった時に解決したり、新しいパソコンが来た時に設定してくれたりする人は、**システムアドミニストレータ**（**シスアド**）である場合が多いです。これはＩＴ系の資格をもっている人のことで、「社内のＩＴ部門の管理」が業務ですが、仕事内容に決まりがないので企業によってやっていることはさまざまです。

アフィリエイト

［超訳］ネット副業でおこづかい稼ぎ

《用例》
二、三カ月前に**アフィリエイト**をはじめて、先月は二万円ほど稼いだよ。副業にちょうどいいよね。

いわば、別の会社の製品を代わりに販売する「代理店」。売れた製品の数に応じて、報酬をいくらか受け取るという商売です。この代理店のような商売を、インターネット上で、かつ個人レベルでやるのがアフィリエイトです。

実際にどうやるのかというと、自分のサイトやブログなどに、ある製品の販売ページへのリンクをはりつけるだけ。それを見た人が、リンクをたどって製品を購入した場合、販売数に応じて報酬がもらえるというしくみです。

たくさんの人が訪れる人気サイトなら、月にン十万円稼ぐことも可能。ネットにつながるパソコンさえあれば、ほぼコストゼロでかんたんにはじめられるので、個人のサイドビジネスとして人気です。

アプリケーション

［超訳］ＯＳ以外のソフト全般

《用例》
そのパソコンは買ったばかりなので、必要な**アプリケーション**をインストールしておいてくれないか？

iPhoneなどのスマートフォンには、地図や電車の乗り換え案内などの**アプリ**をたくさん追加することができます。このアプリとは、アプリケーションを短くした呼び方です。

Windows や Mac OS は、パソコン全体のシステムを動かすためのソフトでＯＳ（Operating System）といいます。このＯＳ以外のソフトをまとめて、アプリケーションソフトまたはアプリケーションと呼びます。よく使われるワードやエクセルも、アプリケーションです。

語源は、英語の application で、「応用」という意味があります。ＯＳが基本ソフトだとしたら、アプリケーションはまさに応用するためのソフトなのです。

インターフェース

［超訳］操作感・使いやすさ

《用例》
新バージョンOSは、これまでのバージョンとくらべて、**インターフェース**が格段に進歩しました。

一般的には「接点」「境界面」を意味する英語ですが、ＩＴ用語としてはハードウェアやソフトウェアがたがいに情報をやり取りする際に接する部分、あるいは、情報のやり取りを仲介するためのしくみ（形式、規格など）のことを指します。

なかでも、人間（ユーザー）とコンピュータのインターフェース、つまりデータの表示形式や入力方式のことは**ユーザーインターフェース**といいます。

スマートフォンのタッチパネル操作なども、まさにこの一つ。操作感に決定的な影響を与えるものなので、そういうニュアンスで使われることもあります。たとえば、だれかが「このソフトは、（ユーザー）インターフェースが最悪だよ」といったら、「操作感が最悪な＝とても使いづらいソフトなんだな」と理解しましょう。

オープンソース

【超訳】プログラムを公開して
みんなに改良してもらおう

《用例》
世界のボランティア開発者によって改良が重ねられているLinuxは、**オープンソース・ソフトウェア**の代表例だといえる。

そもそも「ソース」とは、あらゆるソフトやプログラムの中身、あるいは設計図のことを指します。ふつう、ソースは企業秘密ですが、それをあえてネットなどを通じて公開し、だれでも改良・再配布できるようにするのがオープンソースです。

では、なぜこのようなことをするのでしょうか？　オープンソースにすると（プログラミングなどの知識のある人なら）世界中のだれもが自由にソースを書き換えられるので、ソフト自体のレベルアップが期待できます。つまり、世界中のハイレベルな技術者の力を集結して、よりよいソフトに改良していくことがオープンソースの目的なのです。そのため「開発方法の一つ」ともいえます。無料でダウンロードできる**フリーソフト**のなかには、オープンソース形式のものが多数あります。

クラウド

［超訳］データの処理も保存もネット上でやっちゃおう

《用例》この前の写真を**クラウド**にアップロードしたので、見たい場合は自分のパソコンからアクセスしてね。

クラウド（cloud）とは「雲」を意味する英単語です。でも、ＩＴ用語として用いられる時は、もちろん、空にある白い雲のことではありません。

正式にいうとクラウド・コンピューティングで、これは「データ（テキスト、画像など）やソフト（文書作成ソフトなど）を、手もとにある『自分のコンピュータのハードディスク』のなかではなく、『データセンターのサーバー』のなかに置き、ネット経由でデータやソフトウェアを利用するしくみのこと」を指します。

要は、これまで目の前の自分のパソコンのなかでやっていたデータ保管や作業を、「ネット上（経由）でやっちゃおう」ということです。

でも、なんでわざわざそんなことしなくちゃいけないのでしょうか。

たとえば、自宅のパソコンが壊れてしまった。でもバックアップを取っていない……そんな時でもクラウドなら心配は無用です。なぜなら、作成した文書や画像はネットの向こう側の大規模サーバーに保管されているからです。

また、ソフトもデータもネット上にあるので、ネットに接続するＩＴツールさえあれば、自宅でも移動中でも、それこそ世界中どこにいても、ほぼ同じ条件で作業ができるようになります。

目の前のパソコン内の作業とちがい、クラウドで行なわれていることはあたかも「雲のように」見えないため、クラウドと呼ばれるようになったようです。

サムネイル

［超訳］縮小見本画像

《用例》
このあいだ行ったパーティーの、動画の**サムネイル**選びしている最中。お、この画像がいいな。

YouTubeなどの動画サイトをよく見る人は、各動画のタイトルや紹介文とともに小さな画像が並んでいるのを見たことがあるはず。これがまさに、サムネイル。

「動画サイトは見ないんだけど……」という人は、デジカメをパソコンにつないだ時のことを思い出してください。切手サイズ程度に縮小された写真画像が、ズラーっと表示されますよね。これもサムネイル。

つまり、多数の画像を一覧表示するための縮小見本です。ファイルを開かなくても大ざっぱに絵柄や内容がわかるので、たくさんの画像のなかからお目当てのものを探したい時にとても助かります。

ちなみにサム（thumb）とは英語で「親指」、ネイルは「爪」です。

ソーシャルメディア

［超訳］個人参加型ネットメディア

《用例》
ツイッターやフェイスブックなど、話題の**ソーシャルメディア**をはじめたら、なんと一気に知り合いが二百人も増えたよ。

ツイッター、フェイスブック、インスタグラムなど、個人が情報を発信し、それを見た人と意見や感想を伝えあうインターネットのメディアのことです。

これらのメディアを使って、社会的なネットワークを作ることをソーシャルネットワーキング、これらのサービスを**ソーシャルネットワーキングサービス**（ＳＮＳ）といいます。また、自分のお気に入りのサイトのアドレス（ブックマーク）を登録して公開できるサービスが、**ソーシャルブックマーク**です。専用サイトで自分のブックマークを公開すると、見た人からコメントがもらえます。

今や就職活動においてもＳＮＳは、企業と学生や学生どうしの情報交換ツールとして欠かせない存在となっている。

ソフトウェア

［超訳］パソコンのプログラム

《用例》
このパソコンには、**ソフトウェア**もたくさん入っていて、お買い得です。

パソコンを動かすためには、いろいろな要素が必要になります。それらの要素は、大きく分けると、ソフトウェアと**ハードウェア**の二種類です。

ハードウェアとは「hard」、つまり「硬い」という言葉が入っているように、パソコンの構成要素のなかでも、「硬くて実体をもつもの」全般を意味します。たとえば、パソコン本体にはじまって、ディスプレイ、マウス、キーボード、なかにあるハードディスクなどです。

それに対してソフトウェアとは「soft」、つまり「やわらかい」という言葉が入っています。これはハードウェアに対して、「実体のないもの」を指します。つまり、パソコンに入っているプログラム全般のことです。

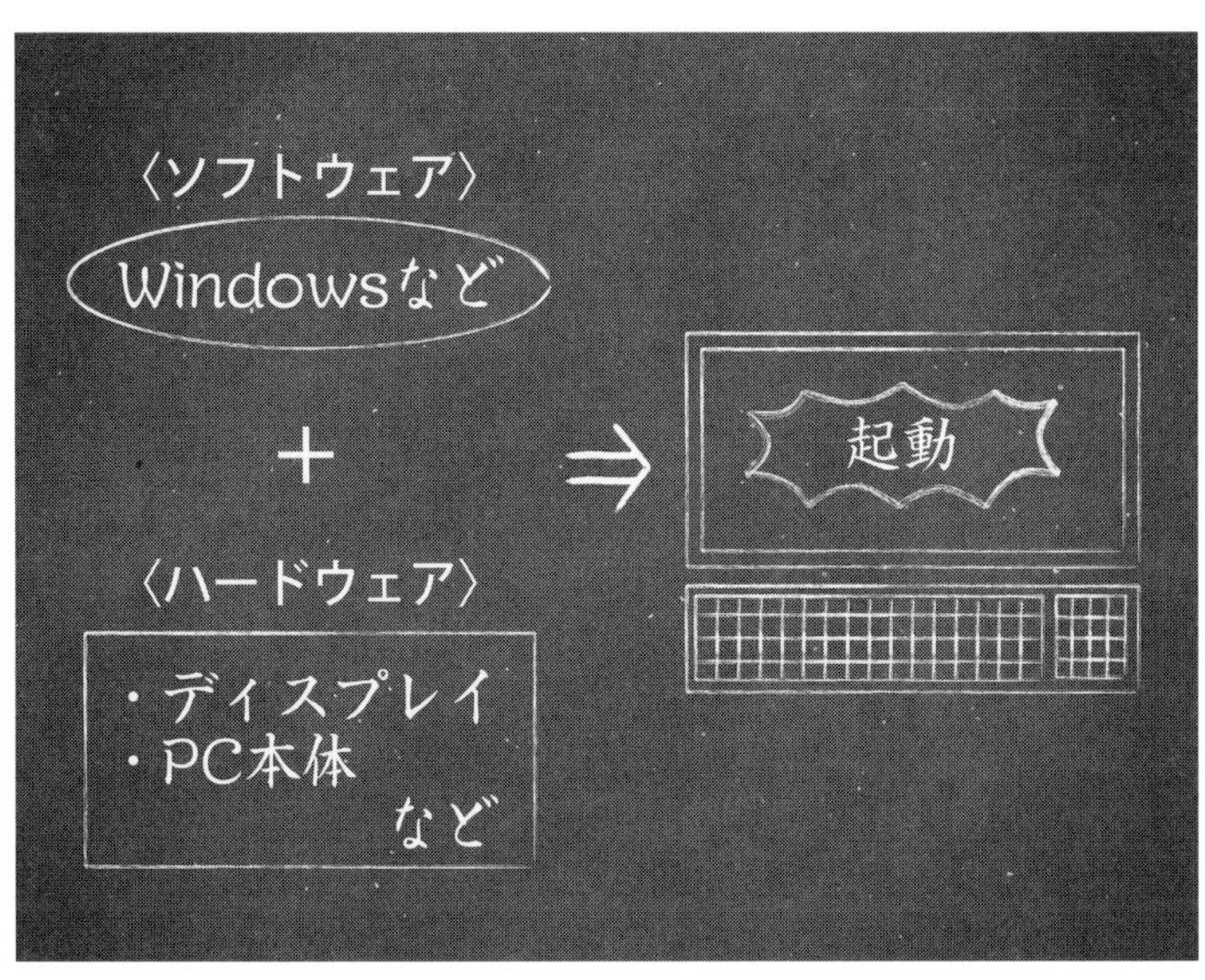

ソフトウェアのなかでもとくに重要なのが、Windowsなどの OS（オペレーティングシステム）です。これはパソコンを動かすために必要な基本ソフトです。

さて、ソフトウェアには悪者もいます。

たとえば**スパイウェア**。外部からパソコンに入りこみ、内部の個人情報などを盗んだり壊したりする、悪質なプログラムです。

また、**アドウェア**も同じようにパソコンに入りこんで、ユーザーの許可なしにパソコンに広告を表示させたりします。

インターネットなどを通してこうした悪者が入りこまないようにするために、ウイルス対策ソフトなどが必要なわけです。

タグ

［超訳］分類ラベル

《用例》
動画をアップロードしたから、適当な**タグ**をつけておこう。みんな見てくれるかなあ。

ハワイにサーフィンをしに行った時のことを、ブログに書いたとします。あなたはこの記事をどんなジャンルに分類しますか？　どれか一つに絞るのはけっこうむずかしいはずです。こうした時に便利なのがタグ。「ハワイ」「サーフィン」「海外旅行」……、と付箋のようにいくつもつけていくことができるもので、これを使えば無理して一つのジャンルに絞らなくてもすむのです。そして、あとから「ハワイ」のタグをクリックすると、ハワイに関する記事がすべて出てきます。

一方、ＷｅｂページをＨＴＭＬという言語で作成する際に「＜＞」のなかにさまざまな半角英数文字を入力していきますが、これもタグと呼びます。ツイッター用語のハッシュタグについては、申し訳ありませんが入門本などでご確認ください。

デバイス

［超訳］パソコンの周辺機器

《用例》
各**デバイス**がまだパソコンにつながっていないようなので、ケーブルで接続しておいてくれ。

キーボード、マウス、プリンタ、ディスプレイ、アダプタ……。

これらはすべてデバイスです。コンピュータに接続して使うあらゆる**ハードウェア**（二六四ページ参照）のことを指す言葉で、パソコン本体に内蔵されているメモリやハードディスクもその一つ。ただ、一般的には、マウスなどのように「パソコンの（外側に接続する）周辺機器」という意味合いで使われることが多いです。

デバイスとパソコンが問題なく動作するためには、デバイスとやり取りするソフトが必要です。これをデバイスドライバといいます。プリンタを買った時についてくるCD‐ROMに入っているのが、デバイスドライバですね。これを使って、パソコンのデータをプリントアウトできるように設定したことがあるはずです。

デフラグ

［超訳］パソコンの整理整とん機能

《用例》
このパソコン、もう何年も使いたおしているから**デフラグ**したほうがいいよ。

「モノがごちゃごちゃにつめこまれた家の物置」をイメージしてください。なかにあるモノを整理して、ゴミを捨ててキレイに並べたら、新しい荷物が入りますよね。パソコンも同じです。ハードディスク（記憶装置）内にある、たくさんのファイルの配置をきれいに整理する機能がデフラグです。

パソコンを長く使っていると、ハードディスクのなかで、たくさんのファイルが散らかされた状態になります。そうなると、新しいファイルを使おうとした時に読みこみにくくなり、パソコンの起動やインターネットのスピードが遅くなってしまいます。ちなみにこのデフラグは、昔は手動でしたが、最近のＯＳであれば定期的に自動でやってくれます。

ドメイン

［超訳］ネット上の住所

《用例》
うちの会社は**ドメイン**名をまだもっていないので、今度申請しようと思っている。

ホームページを開くと表示される、https://www.～.jpなどのURLの「www.」よりあとの部分がドメインです。いわばインターネット上の住所のことです。ドメインがあるから、たとえば「https://www.yahoo.co.jp」と入力すればYahoo! JAPANのホームページを開くことができます。またメールアドレスでは、@からうしろの部分がドメインです。

同じくネット上の住所といえるのが、IPアドレス。こちらは、ネットにつながるパソコン一台一台に割りあてられた識別番号のことで、255.0.255.0というようにピリオドで区切った四つの数値で表わします（数値は0～255のいずれか）。実際の住所とちがい、自分のパソコンのIPアドレスを知っている人はごく少数です。

トラックバック

［超訳］超かんたん
リンク・引用お知らせ機能

《用例》
トラックバックのおかげで、「リンクをはってくださいメール」を送らなくてすんだ。ブログならではの画期的な機能だね。

だれかにモノを借りる時、もち主に「あなたの○○を貸してください」ときちんと断わってから借りることは、幼稚園で習いましたね。人として当たり前です。でも、他人のブログの記事を自分のブログに引用・リンクするための許可は、気長に返事を待ってもいられません。情報と生モノは新鮮なうちにいただきたいものです。

そんな時に便利なのが、トラックバックです。この機能を使うと、引用元やリンク元のブログに対して、「あなたのブログの記事を引用・リンクしました」と連絡してくれるのです。さらに、相手のブログには自動的にあなたのブログへのリンクが作成されます（いずれも相手が拒否設定をしていなければ）。ただし、おたがいの記事になんの関連性もないと、迷惑トラックバックになりますのでご注意を。

バグ

［超訳］**プログラム上のエラー**

《用例》
開発中のシステムに**バグ**が見つかって、修正作業に一週間もかかったよ。まいったまいった。

人間ですから、文章を書けば、誤字・脱字というものは必ず出てきます。

コンピュータプログラムにも、誤字・脱字があります。プログラム上のエラーを、バグといいます。文章に誤字・脱字があっても、だいたいの人は推測して読めるので、それだけで文全体が読めなくなることはめったにありません。でも、悪質なバグはそのためにプログラム全体が動かなくなってしまいます。

有名な古い学園ドラマで「腐ったミカンの方程式」という話があります。「箱のなかに腐ったミカンが一つでもあると、残りのミカンもすべて腐る」というもの。

バグは腐ったミカンのごとくプログラム全体を壊してしまうものです。動作がおかしくてバグの可能性があると思ったら、ＩＴに強い人にすぐ相談しましょう。

パッチ

〔超訳〕**修正プログラム**

《用例》
当社のソフトに不具合が発見されました。この不具合に対する**パッチ**は、来月配布予定です。

辞典やパンフレットに「正誤表」がはさまっているのを発見したことはありませんか？　これは、印刷されたあとで、間違いが見つかった時の応急処置です。「申し訳ありません。○○は△△の誤りです」とお詫びと訂正をしています。

ソフトウェアも、発売されてしまってから**バグ**（二七一ページ参照）が見つかることは少なくありません。そんな場合に、バグを修正するために配布される修正プログラムが、パッチです。たいていはネット経由で無料配布されます。

語源となった英語の patch は、「つぎあて」などの意味があります。まさにつぎあてのように、パッチをダウンロードしてプログラムを修正することを、「パッチを当てる」とか「パッチを適用する」といいます。

バッファ

［超訳］重いデータの一時預かり所

《用例》
「玉乗りするネコ」の動画を、パソコンで見ようとしたら**バッファ**中になって、見るまでに時間がかかった。

ネット上の動画を再生する時に、画面に「バッファ処理中」などの表示が出るのを見たことがあると思います。

データの処理は、各機器によってそのスピードがちがいます。たとえば、パソコンから何かをプリントアウトしてみましょう。

じつは、パソコン→プリンタのデータのやり取りは、瞬時に終わります。でも、プリンタが実際に印刷するためには、時間がかかります。処理をスムーズに行なうには、プリンタ内にパソコンから来たデータを一時保管しておくことが必要です。

このように、データを一時保管しておく場所をバッファといいます。語源となった英語の buffer には、もともと「緩衝材（かんしょうざい）」などの意味があります。

ファイアウォール

［超訳］ハッカーの侵入を防ぐシステム

《用例》
このセキュリティソフトには、**ファイアウォール**機能もついて四千円です。

インターネットを使っていると、サービスを利用しようとする時に「ファイアウォールを無効にしてください」というエラー表示が現われることがあります。パソコンに対する侵入者を防ぐ「壁」のことを、ファイアウォールといいます。ハッカーは、ネットワークを通じて他人のコンピュータに侵入し、データを盗んだり破壊したりします。それを防ぐのがファイアウォールの機能です。たまにファイアウォールではなく、「ファイヤーウォール」と勘違いして使っている人もいますが、これはけっこうはずかしいので注意。

市販の「セキュリティソフト」「ウイルス対策ソフト」などにはファイアウォールが含まれており、**スパムメール**（迷惑メール）対策にもなります。

ブラウザ

［超訳］サイト閲覧用ソフト

《用例》
最近ではInternet Explorerだけでなく、Microsoft EdgeやGoogle ChromeやFirefoxなど、さまざまな**ブラウザ**がある。

インターネットでホームページを見ようとする時に、よくクリックするアイコン「Internet Explorer」。これが代表的なブラウザです。つまり、ウェブページを閲覧するためのソフトのことを指しています。

ブラウザの語源は、英語のbrowse（ブラウズ）という動詞。「拾い読みする」という意味です。インターネットが普及したことによって、パソコン用語としては「ネットサーフィンする」という意味で使われるようになりました。そして、ブラウズするために必要なソフトを、ブラウザ（browser）と呼ぶようになったのです。

フラッシュメモリ

［超訳］携帯用記憶装置

《用例》
そのデータを出張先にもっていきたいから、**フラッシュメモリ**に保存しておいてくれ。よろしく頼んだよ。

パソコン内のデータを保存し、どこにでも運べるＵＳＢメモリは、とても便利です。このＵＳＢメモリのように、何度でも書き換え可能で、かつ電源を切ってもデータが保存できるタイプの記憶装置を、フラッシュメモリといいます。

「フラッシュ」といっても、光るわけではありません。データの消去がフラッシュのように一瞬でできることから名づけられたという説がありますが、この語源は不明のままです。

ちなみに、ＵＳＢメモリ以外のフラッシュメモリとしては、携帯電話やデジカメに使うＳＤメモリーカードがあります。人気ゲーム機の『Nintendo Switch』でも、メモリーカードにフラッシュメモリが採用されています。

プロキシ

［超訳］ネット上の影武者

《用例》
社内からインターネットにアクセスする場合は、自社の**プロキシ**を通すので、どこにアクセスしたかすぐわかるからね。

地位の高い人は暗殺者などから身を守るために、影武者を立てたりします。同じように、ネット上でほかのコンピュータの「影武者」の役割を果たすのが、プロキシです。プロキシ機能をもつサーバを、**プロキシサーバ**といいます。

社内ネットワーク経由でインターネットにアクセスする場合、あいだにプロキシを置くことがよくあります。影武者となるプロキシを社内ネットワークと社外のあいだに置くことで、社外からの不正なアクセスを防止するためです。

またネット上の掲示板などに書きこむ場合、プロキシサーバ経由でアクセスすることで、自分の身元を隠すことができます。プロキシがないと、匿名（とくめい）を使って書きこんでも、調べれば身元が丸わかりになってしまうのです。

プロトコル

［超訳］パソコンどうしで使うサイン

《用例》
パソコンが使えないので、故障かと思ったら、**プロトコル**が設定されていなかったようだ。すぐに設定しよう。

野球のピッチャーとキャッチャーは、投げる前にサインの交換をして、球種を決めます。また、社内恋愛を隠しているカップルも、二人だけの「サイン」を使っていることがあります。サインは、前もっておたがいに決めておくもので、知らない人が見てもなんのことかわかりません。

同じように、コンピュータどうしで通信をする時にも、サインのようにあらかじめ決められたルールがあります。これがプロトコル。同じプロトコルをもたないコンピュータどうしでは、メールのやり取りなどの通信ができません。かつてはインターネットをする時も、プロトコルをインストールして設定する必要がありました。

現在は、ほとんどのパソコンにプロトコルがもともと装備されています。

プロバイダ

［超訳］インターネット接続業者

《用例》
プロバイダはどこを使っているの？　ああ、A社ね。あそこは安くて通信速度も速いからいいと思うよ。

自宅で水を使うには、水道局に登録して使用料を支払います。個人の力で、水道管から水を引くのは無理です。インターネットも水道と同じように、利用するには回線を引いてもらい、接続サービス会社と契約する必要があります。その、インターネットの接続サービスを行なっている会社がプロバイダ（インターネットサービスプロバイダ）です。

コンテンツプロバイダという業者もいます。これはネット上で、コンテンツ、言い換えれば、いろいろなサービスを提供してくれる業者です。

たとえば、ヤフーやグーグルなどの検索サイト、動画配信サービスやブログサービスなどを運営している会社は、まさにこのコンテンツプロバイダです。

ログ

［超訳］パソコンの使用履歴

《用例》
少しパソコンがおかしいようだ。最近の**ログ**を見て、何か間違った操作をしていないか確認しておこう。

パソコンを使っている時、わたしたちはどんな操作をしたかをいちいち記録したりはしません。しかしパソコン上には、操作履歴以外にもさまざまな情報が記録・保存されています。障害時などに参照するためです。この使用記録がログです。

ログを使ったほかの言葉としては、自分の日々の生活（ライフ）を映像・音声・テキストなどのデジタルデータで記録（ログ）していくことを**ライフログ**といいます。日々食べた写真をアップするブログなどは、まさにこれですね。

一方、パソコンを操作中に、「インストールを継続しますか？」といった小さなウィンドウが突然開くことがありますが、こちらは**ダイアログ**（ダイアログボックス）。パソコン用語以外で使われる時は「対話」を意味する言葉です。

第十章

知らないとはいいづらい
最新流行語

アスペルガー

[超訳] 知的障害はないが、社会性がないという発達障害

《用例》
アスペルガー症候群は、コミュニケーションがうまくできない面はあるけれど、社会生活に支障のないケースが多いのです。

二〇〇七年に、「KY（空気読めない）」という言葉が流行しましたね。だいたいの人は、自分で気をつければすみますが、自分ではコントロールできない人もいます。言葉の意味が理解できなかったり、相手の気持ちを察することができなかったりする症状を、アスペルガー症候群またはアスペルガー障害といいます。

知的障害が見られない発達障害なので、社会生活に支障をきたすケースはあまりありません。しかし、まわりもその障害に気づきにくいので、適切なサポートを受けられないケースが多々あります。その一方で、特定分野に関して強い興味をもち、科学や芸術などの分野でズバ抜けた能力を発揮することもあります。じつは有名な画家や映画監督などにも、アスペルガー症候群の人がいます。

〈そのほかの症候群〉	
ギランバレー症候群	筋肉を動かしている運動神経に障害が起こり、手足などが動かせなくなる病気。急に起こることもあるが、半年〜1年で完治することが多い。
ストックホルム症候群	誘拐された被害者が、加害者といっしょに過ごすうちに好意を抱くようになること。スウェーデンのストックホルムで実際に起こった誘拐事件に由来する。
シックハウス症候群	新築で家を建てた時に、建設に使われた化学物質によってアレルギーが起こること。目が痛くなったり、体がだるくなったりする。
サザエさん症候群	『サザエさん』が放送される日曜日の夕方〜夜になると、急に憂鬱になること。月曜日から、仕事や学校へ行きたくない人がなりやすい。

かのアインシュタインは、九歳の時に「ピタゴラスの定理」を証明していますが、幼いころはほとんど話せず、アスペルガー障害だったのではないかと考えられています。

社会生活を送るのがむずかしい知的障害や、自閉性障害がある人で、特定の分野でものすごい能力を発揮する場合はサヴァン症候群と呼びます。たとえば音楽を一度聞いただけで再現できる能力などです。

どうしてこのようなことが可能なのかは、今のところまだわかっていません。

イクメン

［超訳］子育て大好きパパ

《用例》
音楽活動をいっさい休止して、息子ショーンの育児に専念したジョン・レノンこそが、元祖**イクメン**だ。

以前、とある男性タレントが、子どもの育児を理由に芸能活動を一時休止しましたね。彼は「イクメン」と呼ばれています。育児を楽しんで積極的に行なう男性、つまり子育てパパの平成ふうの言い方です。

女性は当然のことながら男性にも、子どもが満一歳になるまでの希望する期間、休みを取得することが法律で認められています。最近は「育児休業」を職場に申請する男性もチラホラ登場しています。今後は、ますますイクメンが増えて女性の社会進出をサポートしていくのでしょうか。

イクメンになる前の理想の夫像が、**イケダン**です。「イケてるダンナ」の略で、外見やファッションはもちろんのこと、家事を手伝ったり、家族を大切にすれば、

他人からそう呼ばれるようになるでしょう。

ただし、自称イケダンはもちろんNGです。

「イケ」という接頭語が、婿（むこ）につくと**イケムコ**になります。結婚式で花嫁にサプライズで曲を歌うなど、結婚式に対して意欲的な新郎のことを指します。

そのイケムコ候補に最適な男性が、**リケメン**（理系のイケメン）です。「つねに冷静で合理的」「計画性がある」などの理由で、結婚相手として、文系の男性よりも女性に人気があります。

インターンシップ

［超訳］**就業体験**

《用例》
ベンチャー企業の**インターンシップ**を利用し、しばらくのあいだ、情報通信の仕事を体験することにしたよ。

「オレ、七月からインターンシップをはじめるんだ」という学生は、積極的なタイプだと思われます。企業や病院、官公庁などで一定期間、就業体験ができる制度が、インターンシップです。働く人は**インターン**（研修生、実習生）と呼ばれます。あくまで社会勉強なので、一般的に給与は支給されません。

学生にとっては、社会人になる「予行演習」の意味合いがあります。自身の適性を見極めたり、働いていくうえでの人間関係を築くコツをつかんだりする機会にもなります。たとえば「おい、インターン、湿布（しっぷ）買ってきてくれ」と、使い走りを命じた直後、「これが本当のインターン湿布」とダジャレをいう管理職に対し、どのような反応をすればよいのかも、身をもって学べるかもしれません。

オシャンティ

［超訳］オシャレでイケてる

《用例》
「そのシャツとパンツ、マジ、**オシャンティ**だよね」
「そういうおまえのヘアスタイル、かわうぃーねー♪」

オシャンティ〜！

　おもに十代の若者が使う俗語で、オシャンティは「オシャレ」を指します。語尾に「ティ」とつけるとオシャレなひびきになることから生まれた、という説があります。もちろん、サンスクリット語で平和ややすらぎを意味するシャンティに「お」をつけてオシャンティとなった、という説はありません。俗語はたいていの場合、そこまでの深い意味がないものです。
　ところで、女子高生は理解不能のとき、「わけわかめ」というそうですが、それってオシャンティ？

ガラケー

［超訳］独自に進化した日本の携帯電話

《用例》
ケータイには、サイフや着メロの機能がついてなくてもいいと思うよ。そんなものがついているのは**ガラケー**だけだし。

電子マネーやワンセグ、赤外線通信などの機能を搭載した日本のケータイは、世界標準とは異なる進化をしたといわれています。それはまるで、外部から断絶され、生物が独自の進化をとげたガラパゴス諸島のよう。そのため、日本のケータイは**ガラパゴス・ケータイ**と呼ばれるようになりました。略してガラケーです。スマートフォン以外の携帯電話をすべて、ガラケーと呼ぶ人もいます。

ガラケー同様、日本独自の機能を備えたスマートフォンを**ガラスマ**と呼びます。どちらも日本のケータイを蔑視（べっし）する意味合いがこめられています。

しかし、自虐的になって落ちこむ必要はありません。ガラパゴス諸島は、その希少価値もあって世界遺産に登録されたのですから。

ギャザリング

［超訳］**ネット版・共同購入**

《用例》
購入者が増えるにつれて価格がどんどん安くなる**ギャザリング**は、ネットショッピングのメリットを生かした方法だね。

「集会」や「集合」を意味する英語のギャザリング。日本では、ネットショッピングの共同購入方式のことをいいます。注文が集まれば集まるほど、商品の価格が安くなるメリットがあるので人気です。このように、規模が大きくなることで得られる利益を、**スケールメリット**といいます。

ギャザリングと通常の共同購入との最大のちがいは、購入者を一定期間募るので、募集期間が終わるまでは商品が届かないこと。最終的な購入数が決まらないと、商品の価格も確定しません。くわしくは、各サイトの説明を見てみましょう。

ちなみに、ギャザーというと、布を縫い縮めて寄せるヒダを指します。ギャザースカートといえば、ウエストにゴムなどでヒダを寄せたスカートのことです。

クリエイティブ・コモンズ

［超訳］著作権を守れば利用可

《用例》
多くの人に自分の名前と作品を知ってもらうために、わたしは**クリエイティブ・コモンズ**を通じて作品を公開しています。

インターネット上に、イラストなどの作品をアップすると、いつの間にか流用されていることがあります。「著作権の侵害だ！」という人もいますが、「多くの人に作品を見てもらえるのはうれしいから、ほかのサイトで使ってもいいけど、自分の名前は必ず記してほしい」という人もいます。あるいは「非商業利用なら、使ってもよい」「改変しなければ転載してもよい」といった要望もあるでしょう。

クリエイティブ・コモンズは、このように著作権を守りつつ、一定の条件下で著作物を他人に利用させることを可能にしようという、非営利団体の活動です。

日本でもこの活動を推進するＮＰＯ法人が設立され、著作権に関する新しい概念の普及に努めています。

クロスメディア

［超訳］メディアミックス2.0

《用例》
この映画は、いつもより綿密な**クロスメディア**戦略を立てて宣伝してきたから、大ヒットしてくれるといいんだが。

電車の車内が、とある商品のポスターや中吊り広告で埋めつくされ、そのポスターに「くわしくはウェブで！」と書いてあることがあります。ついついサイトも見てしまいますね。このように、従来の広告メディアとＷｅｂ・モバイルメディアを併用して広告・ＰＲを行なう手法のことを、クロスメディアといいます。

従来からある**メディアミックス**では、同様の情報を複数のメディアで展開します。一方クロスメディアでは、消費者がウェブを介して複数のメディア間を移動することを前提にしており、各メディアの情報はそれぞれの特性を生かした相互補完的なものになります。また、メディアミックスが一方通行の情報発信なのに対し、クロスメディアでは双方向コミュニケーションを目指す点も大きなちがいです。

ジェットセッター

［超訳］世界を飛び回るオシャレなお金もち

《用例》この事業で大もうけしたら、みんながうらやむ**ジェットセッター**になって、世界中の料理を食べ歩きたいもんだ。

元サッカー選手の中田英寿氏をイメージしてもらうといいかもしれません。自家用ジェット機やファーストクラスを利用し、仕事やプライベートで世界を飛び回っているオシャレなお金もちのことを指します。職業は、経営者、芸能人、クリエーターが中心で、情報感度が高く、消費にも積極的といわれます。

高級男性誌には、「ジェットセッターなあなたにおすすめの」というフレーズがよく登場しますが、こういう人がたくさんいるわけがないので、「ジェットセッター（にあこがれている）あなたにおすすめ」といったほうが正確です。

一方、ＩＴ起業家や投資家など、一代で財を築いた新しい裕福層は**ニューリッチ**と呼ばれます。こちらは時代の上昇気流にのって、飛ぶ鳥を落とす勢いの人たちです。

スカイプ

［超訳］**無料インターネット電話**

《**用例**》
最近では、海外にいる友人と話す時は、もっぱら**スカイプ**を使っているよ。なんてったって、無料だからね。

パソコンのソフトを使ったインターネット電話サービスです。旧スカイプ・テクノロジーズ社が開発しました。スカイプをダウンロードすれば、パソコン上でチャットができたり、マイクがあれば無料で電話ができたりします。ユーザーどうしならテレビ電話や電話会議、画面の共有なども無料なので、ビジネスシーンでも利用されています。また、通常の固定電話や携帯電話にかけることも可能。その場合は料金がかかりますが、通常の国際電話料金よりも、ずっとおトクです。スマートフォン用のアプリもあります。

ただし、スカイプで電話をかけることができない番号があります。それは警察や消防署などの緊急電話（一一〇番、一一九番）とフリーダイヤルです。

スキミング

［超訳］カードを偽造して勝手に使う犯罪

《用例》
やられた。俺の銀行口座から、だれかが偽造カードを使って現金を引き出したんだ。**スキミング**されたのかもしれない。

「ダメ、ゼッタイ。」な犯罪手口です。他人のクレジットカードやキャッシュカードから磁気記録情報（暗証番号など）を不正に読み取って、まったく同じ情報をもったニセモノのカードを複製することです。カード情報を読み取る機械をスキマーといいます。近年、カードにかざすだけで情報を盗み出せる高性能な携帯型スキマーが登場し、一度に多くの被害者が出るケースが増えています。

同じように情報を盗む犯罪に**フィッシング**もあります。本人が利用している金融機関のふりをしてメールを送り、リンク先のURLに誘導し、クレジットカード番号や暗証番号をダマし取ります。もちろん、サイトもニセモノです。緊急性を呼びかけるなど、怪しい場合は、本来の送り主である人や会社に確認しましょう。

スマートフード

[超訳] **瞬時にエネルギーを取れる食品**

《用例》
火も水もいらないし、常温保存ができて携帯しやすい**スマートフード**は、災害時の非常食にもぴったりだね。

スマートフォンのヒット以降、「スマート○○」という呼び名が増えました。スマートフードもその一つです。ダイエット食品のことではありません。高機能でムダのない食べ物をスマートフードと呼びます。その代表が、片手でもって飲めるゼリー飲料です。忙しい時は、移動中でも手軽に必要な栄養を補給できます。常温で長時間保存できるので、災害時には非常食にもなります。そういった意味では、たしかに「賢い食品」です。

よく似た役割を担う食品にサプリメントがあります。こちらはアメリカ生まれの栄養補助食品で、略してサプリ。スマートフードもサプリも手軽で便利ですが、時間がある時は、食品から栄養を吸収したほうが、体によいといわれています。

テザリング

［超訳］スマホを使ったネット接続

《用例》
外出先でもスマートフォンを親機として**テザリング**できるから、今ではパソコンもゲーム機も自宅と同じ環境で使ってます。

街なかで、そばにスマートフォンを置いて、パソコンを使っている人をよく見かけるようになりました。テザリングをしているようです。

テザリングとは、スマートフォンなどの回線を使って、パソコンやゲーム機などをインターネットにつなぐことです。語源は「つなぎとめる」「縛る」を意味する英語のテザー（tether）。対応している機種としていない機種があるので、スマホを購入する際は注意しましょう。

ただし、テザリングをすると通信料が高額になるケースがあります。そこで「定額サービス」への加入をすすめられるわけですが、これは通信会社が利用者を「つなぎとめる」ための戦略といえるかもしれません。

ネットロア

［超訳］ネットで広まる都市伝説

《用例》
「亡くなった恋人から毎年、自分の誕生日におめでとうメールが届く」という話は、**ネットロア**とわかっていても泣けたよ。

「○○市で午前二時三分にインターネットに接続すると、画面から女性が浮かんでくるらしい」といった都市伝説が、ときおりブログやツイッターで伝えられることがあります。こうした、インターネットを介して伝えられる、噂話や怖い話をネットロアといいます。「ネット」はインターネット、「ロア」は**フォークロア**（民話）の略です。

よく似た意味の言葉に**デマ**と**ゴシップ**があります。デマはドイツ語の**デマゴーグ**（扇動政治家）が語源のデマゴギーの略で、「意図的に流す噂」を指します。ゴシップは英語で「興味本位の噂」を意味します。時代は変わっても、人は他人と噂話を共有したい生き物であるようです。

ノマドワーカー

［超訳］**移動しながら仕事する人**

《用例》
カフェでノートパソコンを使っている人をよく見かけるけど、彼らは**ノマドワーカー**だろうね。

オフィスでも自宅でもなく、外出先のカフェや図書館、駅のベンチでノートパソコンを使って仕事をしている人がいます。彼らはノマドワーカーと呼ばれています。**ノマド**は、フランス語で「遊牧民」という意味です。

必須アイテムは、スマートフォンとノートパソコン、あるいはタブレット端末。街中で無線ＬＡＮが使える場所が増えたため、どこでも情報収集や情報発信、すなわち仕事ができるようになったのです。

一方、独立して働いているものの、仕切られていないスペースを共有しながら仕事をする**コワーキング**も注目されています。スペースは一日単位から使え、価値観を共有する者どうしが集まりやすいので、情報が交換できるメリットもあります。

フードマイレージ

［超訳］食料輸送にかかる負荷を示す数値

《用例》
海外から食料を輸入すると**フードマイレージ**の数値が高くなるけど、国は海外との貿易を促進しようとしているね。

航空会社のマイレージサービスでは、飛行機を利用するたびに「マイル」（ポイントの単位）が貯まり、これが高いほどいろんな特典が受けられます。一方、フードマイレージの場合は、これが高いほど地球への負荷がたまります。

食べものが消費者に届くまで、どれくらいの距離を運ばれてきたかを表わすのが、フードマイレージです。数値が高いほど輸送距離が長く、移動にかかる燃料や二酸化炭素の排出量が多いことを示しています。じつは日本のフードマイレージは、イギリスやドイツの五倍もあります。

「地産地消」を推進し、食料自給率の上昇を提唱しながらも、ＴＰＰ参加で農産物の輸入を促進しようとしている点は、日本政府の政策の矛盾点といえるでしょう。

ボーカロイド

[超訳] ロボットに歌わせるソフト

《用例》
ボーカロイドで作った楽曲をネットで公開したら、多くの人から「いいね！」をもらったよ。

「ボーカル」と「アンドロイド」を合わせた造語が、ボーカロイド（VOCALOID）です。人間の声をもとにした歌声を合成できるソフトの名称、またはその技術を指します。このソフトを使えば、音階と歌詞を入力するだけで、ボーカロイド、略してボカロたちが歌ってくれるのです。

注目を集めたのは、「初音（はつね）ミク」という名前のソフトです。萌え系キャラのボカロ・初音ミクは、日本だけでなくロサンゼルスでも、単独コンサートを開催するほど大人気となりました。

ところで、ボーカルとシンガーには、微妙なちがいがあります。ボーカルは「声」を、シンガーは「歌う」を意味していることです。

ボット

［超訳］自動操作プログラム

《用例》
ボットによるログインを防ぐために、以下の画像に見える数字をボックスに入力してください。

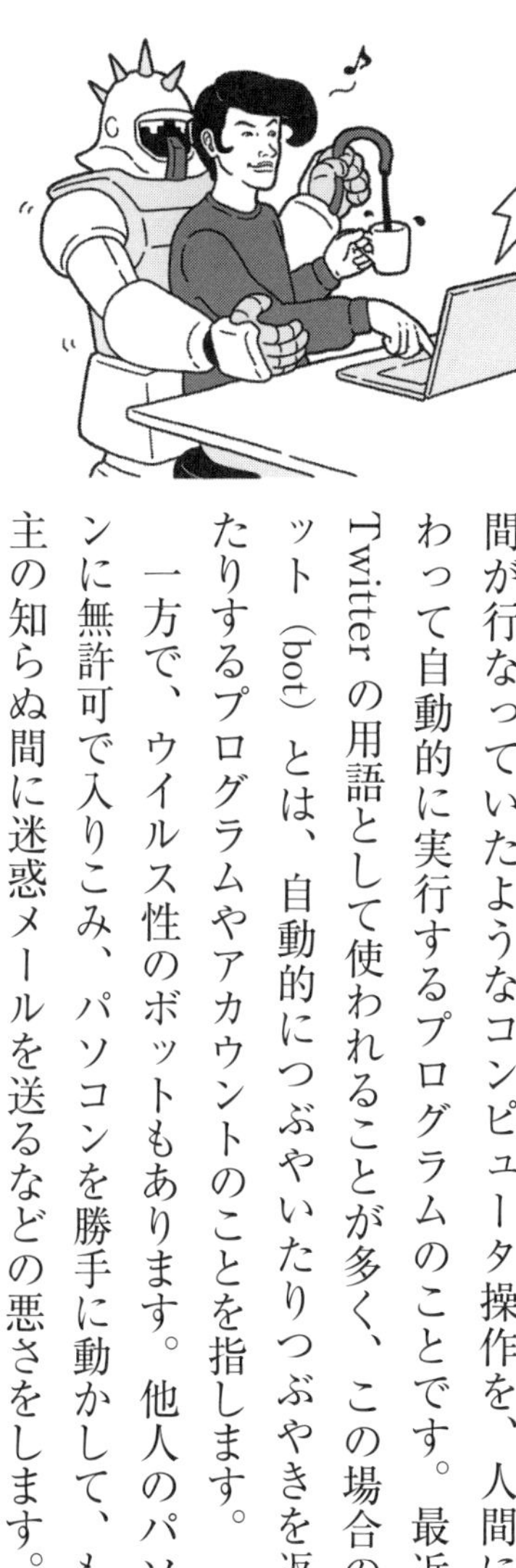

ロボットの「ロ」を取って短くした言葉で、もともと人間が行なっていたようなコンピュータ操作を、人間に代わって自動的に実行するプログラムのことです。最近はTwitterの用語として使われることが多く、この場合のボット（bot）とは、自動的につぶやいたりつぶやきを返したりするプログラムやアカウントのことを指します。
一方で、ウイルス性のボットもあります。他人のパソコンに無許可で入りこみ、パソコンを勝手に動かして、もち主の知らぬ間に迷惑メールを送るなどの悪さをします。

マルキュネーゼ

【超訳】大人になっても109大好き!

《用例》
中学生のころから109で買い物をしている彼女は、二七歳になっても、**マルキュネーゼ**だね。

ギャルに人気のファッションビル、SHIBUYA109（イチマルキュー）を愛しており、結婚や出産したあとも109に通う女性がマルキュネーゼです。

「○○ネーゼ」という造語は、ほかにも**シロガネーゼ**（高級住宅地・白金に住む既婚女性）、**マリナーゼ**（浦安の海が見える高層マンションに住む既婚女性）などがあります。「ネーゼ」は、イタリア語ともフランス語ともいわれますが、真相は不明です。とりあえず、オシャレで上品なお金もちに聞こえますね。

一方で、まったく逆の意味の言葉もあります。イエガネーゼ（家がない女性）やカネガネーゼ（お金がない女性）など、もはやギャグレベルで使われています。

いずれにせよ、「○○ネーゼ」は女性にだけ使われる言葉です。

ユビキタス

[超訳]いつでもどこでもＩＴ環境

《用例》
住宅や道路、車から電化製品にいたるまで、あらゆる場所で情報通信環境が整えば、**ユビキタス**社会の実現といえるでしょう。

「今夜観ようと思ってたドラマの予約を忘れた！」と外出先で気づいても、心配ありません。今の時代、携帯電話から予約することも可能です。

このように、いつでもどこにいても、コンピュータやインターネットのネットワークを利用できることをユビキタスと呼びます。

外出先から、自宅の様子を見ることのできる防犯システムや、医師や看護師が病院にいながらにして、在宅患者の体の状態を知るシステムもあります。ラテン語で、「同時にどこにでも存在する」という意味です。ＩＴの分野で使われるようになり、一般に広がりました。

なお、ユビキタスが実現している社会をユビキタス社会と呼びます。

ライトノベル

［超訳］ 気軽に読めるアニメ風小説

《用例》
新人女流作家の学園もの**ライトノベル**を読んだよ。ストーリーは破綻していたけど、会話にはリアリティがあったね。

ライトノベルのライトは「軽い」を意味するlightで、略してラノベです。大ざっぱにいえば、アニメと小説を足して二で割ったような小説を指します。挿絵として、ところどころにアニメふうのイラストがはさまれており、ストーリーも単純なので「軽い」気持ちで読めます。また、文庫判のみ（ハードカバーはない）なので物質的にも「軽い」です。対象は中高生から大人まで幅広く人気。ラノベで人気が出ると、アニメ化するのが一般的なパターンで、もちろんヒットします。

一方、映画やアニメを小説にしたものを**ノベライズ**と呼びます。原作のファンが購入するケースが多いですが、「なんだかイメージがちがう」と違和感を覚える読者は少なくないようです。

リノベーション

［超訳］住宅を新築並みに改修する工事

《用例》
この物件は、昭和時代の建物を**リノベーション**したビルです。光回線が引かれてどの部屋でも利用できるようになっています。

家の外壁がはがれたり、水回りが悪くなったりした時の修理が**リフォーム**です。「もとの状態に戻す」という意味合いが強く、たいてい小規模な工事で終わります。

対するリノベーションは、「改革」や「刷新」を意味する英語。建物の骨組みはそのままにしてデザインを変えたり、新たな機能を追加したりすることが目的の工事です。たとえば、「2DKで床が畳だった家を、フローリングで1LDK、しかも間接照明が備えつけられたオシャレな家にする」といった大規模な工事を指します。もはや新築並みの大工事ですが、新築よりも安い値段で買えたり借りられたりすることが大半です。

リュクス

［超訳］オトナの女性の贅沢(ぜいたく)

《用例》
銀座にある個室エステサロンで、バリ風のマッサージをしてもらうとか、**リュクス**な時間を過ごしたいな。

フランス語で「贅沢」「優雅」を指す言葉。英語の**ラグジュアリー**も「贅沢」を意味しますが、リュクスのほうが「心の余裕を感じさせる豊かさ」という「大人の女性の贅沢」の意味合いが強いでしょう。

たとえば、高価なブランドバッグではなくても、ていねいなつくりの、品のよいバッグを長く使うことなどです。ハデさを求めがちな若い女性とちょっと差をつけたい時に便利な言葉なので、たびたび大人の女性向けファッション誌に登場します。

さらに、エコリュクスという言葉もあります。こちらは、心の豊かさを楽しみながら、地球環境にも配慮する価値観を表わしています。地球にやさしいことがオシャレ――。そんなメッセージでしょうか。

ローフード

［超訳］食べ物は生がいちばん！

《用例》
生の食べ物には酵素が含まれているけど、高温で加熱すると破壊されるんです。だから**ローフード**をすすめるのよ。

「サラダや刺身はローフードですよね」と聞いても、**スローフード**と混同しないでください。ロー（raw）は英語で「生の」という意味です。つまり、ローフードとは、加熱しない生の食べ物です。

生で食べると、加熱で失われがちな酵素やビタミンなどを摂取できるので、欧米の有名人（いわゆるハリウッドセレブ）のあいだで、**ローフードダイエット**として流行しました。そのブームが案の定、日本にも伝わったのです。厳密には、刺身や生肉、加工した乳製品、玉子は食べないそうです。

ではスローフードは？　というと、「食生活を根本的に見直し、伝統的な食材や料理を広め、地元の生産者を守り、子どもに食を通じた教育をする」活動です。

ロコモ

【超訳】**要介護リスクが高い状態**

《用例》
運動不足と加齢によって筋力やバランス能力が低下すると、**ロコモ**になりやすいそうだ。両親に伝えておこう。

思わずおなかが鳴った人は残念。ご飯のうえに目玉焼きとハンバーグがのったハワイ料理、それはロコモコです。ロコモはロコモティブシンドローム（運動器症候群）の略です。日本整形外科学会が考案した言葉で、筋肉、腰やひざ、じん帯、などの運動器の障害によって、寝たきりになるリスクの高い状態を指します。

同学会は、自分でロコモに気づくために「ロコチェック（ロコモーションチェック）」と、ロコモ対策としての運動「ロコトレ（ロコモーショントレーニング）」を提唱しています。

ちなみに**ロコモーション**は「移動」「旅行」などを意味します。いくつになっても自分の足で歩いて旅行したい人は、ロコモにならないよう注意しましょう。

ラ行

ワ行

マ行

ヤ行

ナ行

ハ行

タ行

サ行

カ行

用語索引

（太字＝見出し語になっているページ）

ア行

●主要参考文献

『大辞林　第三版』（三省堂）
『フェイバリット 英和辞典　第2版』（東京書籍）
『プチ・ロワイヤル 仏和辞典 第4版』（旺文社）
『現代用語の基礎知識　２０１２年版』（自由国民社）
『30秒でスッキリわかる！「カタカナ語」使い方のツボ』話題の達人倶楽部（青春出版社）
『ザ・カタカナ語ディクショナリー』ササキマサタカ（小学館）
『ホントは知らない!?「カタカナ語」辞典』藤田英時（宝島社）
『めちゃくちゃわかるよ！金融』坪井賢一＋ダイヤモンド社（ダイヤモンド社）
『そのカタカナ語、意味言えますか？』カタカナ探偵団（幻冬舎）

●参考ウェブサイト

YAHOO! 辞書、kotobank、ＩＴ用語辞典 e-Words、ＩＴ用語辞典 BINARY

■文　倉田隆則、高橋一人、鳥羽　賢、古田由美子
■ＤＴＰ／図版　伏田光宏

本書は、二〇一二年四月に刊行された
『超訳「カタカナ語」事典』（ＰＨＰ文庫）を改題し、再編集したものです。

〈編著者紹介〉
造事務所（ぞうじむしょ）
企画・編集会社（1985年設立）。編著となる単行本は年間30数冊にのぼる。おもな編著書は『「定年後」がやってくる前に考えておくべきこと』『「ブレない自分」のつくり方』（ともにPHP研究所）、『ちょっと自慢したくなる！ 難読漢字の豆知識』（メディアパル）、『知っているようで知らない 日本語のルール』（東京堂出版）など。

すっきりわかる！
超訳「カタカナ語」事典（愛蔵版）

2019年4月1日　第1版第1刷発行

編著者　造　事　務　所
発行者　後　藤　淳　一
発行所　株式会社ＰＨＰ研究所
東京本部　〒135-8137 江東区豊洲5-6-52
CVS制作部　☎03-3520-9658（編集）
普及部　☎03-3520-9630（販売）
京都本部　〒601-8411 京都市南区西九条北ノ内町11
PHP INTERFACE　https://www.php.co.jp/

印刷所　株式会社精興社
製本所　東京美術紙工協業組合

ISBN978-4-569-84287-5